长江口二号古船发现与研究丛书（二）

上海博物馆
上海市文物保护研究中心 编著

上海长江口二号古船

水下考古调查与整体打捞迁移

翟杨 褚晓波 赵荦
黄翔 葛彦 朱小东 著

上海古籍出版社

丛书编委会

主　任：褚晓波
副主任：李　晶　陈　杰

主　编：翟　杨
副主编：黄　翔　赵　荦

编　委：（按姓氏笔画排序）
王结华　孙　键　宋建忠　张　威　周东荣　姜　波　栗建安
唐　炜　魏　峻

2024年上海市东方英才计划领军项目（入选证书编号：LJ2024011）

2024年度国家社科基金青年项目
"长江口二号沉船遗址水下考古调查资料整理与研究（2015—2022）"
（批准号：24CKG051）

丛 书 序

2022年11月21日0时40分，上海崇明北港水域，长江口二号古船（以下简称"长江口二号"）整体打捞出水，世界首创的"非接触弧形梁整体打捞"技术取得圆满成功；11月25日13时30分，杨浦上海船厂旧址一号船坞，世界首艘文物打捞工程船"奋力"轮"怀抱"长江口二号进坞落座。至此，全球首个水下考古调查、整体打捞迁移、博物馆选址同步实施的水下考古项目取得巨大成功，古船从此摆脱了被长江水流冲毁的宿命。长江口二号"回家"的新闻受到广泛关注，《新闻联播》先后三次播报，央视新闻和上海广播电视台融媒体中心进行了全球直播，中文、英文、法文、阿拉伯文、日文、韩文、俄文等主要报刊均做了大量追踪报道，并最终入选中央广播电视总台"2022年度国内十大考古新闻"。

从2015年9月主动调查发现船体，到整体打捞迁移成功，长江口二号"回家"旅途走了整整八年。八年间，为确保遗址安全，工作团队严守项目信息、时刻看护遗址现场。为破解浑浊水域水下考古难题，考古机构与高校、科研院所，精诚合作、跨界攻关、研发装备，率先开启智能化水下考古技术的探索，作为成果的"机器人水下考古装备关键技术及应用"获得2017年"上海市技术发明奖"二等奖。为减少水下作业时间，确保长江口二号出水迁移过程万无一失，打捞机构采用了先进的精密加工设备，创新性应用弧形梁曲线管幕、智能打捞监控系统、大吨位同步提升系统，打捞方案经过严密理论计算、缩尺模型试验与等比例海上试验，不断完善施工技术和工艺。长江口二号遗址整体迁移、异地保护为世界水下文化遗产保护和利用提供了新的中国模式，贡献了上海方案。

长江口二号残长38.1米，是目前国内发现体量最大、保存最为完整的木质古船，填补了清代同治时期木质贸易帆船的空白，是近年来中国最重要的水下考古发现。船上装载的大量瓷器、紫砂器、煤炭、金属工具等船货和船上用品，共同构成了同治时期沉船出水物质遗存的"标准组合"，是历史馈赠给今天珍贵的"时间胶囊"，具有重要考古和学术价值。清晚期咸丰、同治年间，上海成为中国对外贸易港的翘楚。江海交汇、南北海岸线中点的地理位置，大大便利了贸易物资的江海联运、南北转运和远洋航运。以上海为中心的航运网络，遍及东部沿海城市，深入长江腹地，广及欧美大陆，极大地拓展了中国与世界贸易体系的广度和深度，奠定了近代中国经济文化地理新格局，影响及今。长江口二号是上海成为国际贸易和航运中心初期木帆船贸易与航运的实物见证，历史价值非凡。

国家文物局和上海市委、市政府高度重视长江口二号相关工作。长江口二号沉船项目已作为中国水下考古重大项目列入国务院办公厅印发的《"十四五"文物保护和科技创新规划》；保护和展示长江口二号的博物馆被列入2021年1月发布的《上海市国民经济和社会发展第十四个五年规划和二〇三五年远景目标纲要》。

长江口二号考古与文物保护是一项攻坚克难的漫漫征程，尚存诸多谜团有待解决，还面临着脆弱船体支撑加固、饱水木材与铁钉复合材质船体的文物保护等难题。为此，我们首次提出以"长江口二号全生命周期"研究为目标，综合运用最新的科技手段和丰富的历史文献，复原长江口二号从设计、建造、航行、沉没、埋藏直到被发现的全过程。

在长江口二号考古发掘和文物保护过程中，我们筹划出版"长江口二号古船发现与研究丛书"，分享我们的研究成果和经验，与大家一同探索古船之谜，及时接受大家的批评建议。本丛书的定位是全方位和开放性的，不仅包括考古研究、文物保护成果，而且也将汇集相关工作和研究成果，共同构建长江口二号知识库；探索综合利用先进科技手段和丰富文献资源研究、展示近代贸易木帆船的方法，力求以世界眼光、上海视野，探索以上海为中心的贸易网络，塑造古船水下考古研究的全新范式，让长江口二号的考古、研究、保护、利用和传承成为世界了解中国水下考古的窗口，讲述上海国际贸易和航运中心可观可感的历史。

褚晓波

目　录

丛书序 ………………………………………………………… 褚晓波　1

序　言 ………………………………………………………… 褚晓波　1

前　言　上海水下考古的探索之路 ………………………… 翟　杨　3

上　篇　长江口二号古船水下考古 ………………………………… 7
一、踏破铁鞋——发现古船 ………………………………………… 10
二、古船何为？——确认年代和性质 ……………………………… 12
三、漫长探索——准备整体打捞 …………………………………… 14
四、缘何沉没？——沉没原因推测 ………………………………… 21

中　篇　长江口二号古船整体打捞迁移 …………………………… 25
一、为何要整体打捞古船？ ………………………………………… 26
二、挑战不可能——整体打捞，挑战重重 ………………………… 26
三、古船打捞"黑科技"与先进制造 ……………………………… 28
四、时间胶囊重现——再现古船出水历程 ………………………… 40

下　篇　长江口二号古船出水陶瓷选粹 …………………………… 59

大事记 ………………………………………………………………… 171

致　谢 ………………………………………………………………… 183

序 言

长江口二号古船是我国目前发现体量最大、保存较完整、船载文物数量丰富的古代木帆船，填补了清代同治时期水下考古的空白，是中国水下考古的重大发现。出水船货既有沿长江而下的江西景德镇窑瓷器，也有来自江南宜兴的紫砂器，乃至产自越南的水烟罐，船体则使用了大量东南亚木材。长江口二号古船宛如一颗"时间胶囊"，生动再现了近代上海作为汇通江海的海上丝绸之路关键节点城市的重要地位，是上海作为国家历史文化名城、近代世界贸易和航运中心的宝贵见证，其考古和保护被列入国务院《"十四五"文物保护和科技创新规划》中国水下考古重大项目。

长江口二号古船考古是浑浊水域主动水下考古调查发现沉船、多部门跨界科技合作的典型案例，整体打捞迁移采用世界首创的"弧形梁非接触文物整体迁移技术"，专门设计了中部开口的打捞工程船"奋力轮"，最大程度地保证了古船的原生性、安全性和完整性，是海洋工程技术与水下文化遗产保护理念的完美结合，充分展现了中国水下考古技术的突破和创新，是努力建设中国特色、中国风格、中国气派的考古学的一次卓越实践，为国际水下文化遗产保护提供了中国案例、中国模式、中国经验。

《上海市国民经济和社会发展第十四个五年规划和二〇三五年远景目标纲要》规划建设一座博物馆来保护和利用长江口二号古船。博物馆选址在首批创建的国家文物保护利用示范区核心区域杨浦上海船厂旧址，这里曾是中国近代工业文明的重要发源地，见证了"工业锈带"变身"生活秀带"的发展历程，是"人民城市"重要理念的首发地。未来这里将打造一座可同步开展考古发掘、文物保护、科学研究和展示教育的活态博物馆，让更多的人欣赏到文物考古的魅力神韵，领悟到中华文明的深厚滋养，感受到人民城市的温暖表情。

褚晓波

前言 上海水下考古的探索之路

上海位于长江入海口，江海交汇处，中国海岸线中点，腹地为经济文化发达的江南地区。独特的区位优势，使上海成为中国沟通世界与内陆腹地的桥头堡，繁忙的航线上理应蕴藏着丰富的水下文化遗产。长久以来，上海水下考古一直是一片空白，上海能发现水下文化遗产吗？在哪里找？怎么找？从 2010 年开始，在国家文物局的指导下，上海市文物局组织全国水下考古力量，联合相关科研机构和专业打捞机构，经过 12 年的努力，逐渐探索了一条主动发现、重点突破、跨界合作、科技赋能的上海水下考古之路。

主动发现 重点突破

2010 年，第三次全国文物普查期间，中国国家博物馆水下考古部与上海博物馆联合在长江口开展了海洋物探扫测和潜水探摸，正式拉开了上海水下文化遗产调查的序幕。虽然这次调查没有重要发现，但起到了练兵和熟悉长江口水文环境的作用。接下来几年，我们对上海水域水下遗产总体情况进行了排摸，先后在内水的青浦淀山湖做潜水调查，在金山和松江开展陆地调查，却都线索渺茫。一番思索之后，我们认识到调查重点还应该放在长江口，这里是长江出海必经的航道，发现沉船的概率大，而且在崇明的陆地调查中收集到了一条有价值的线索：很多年纪大的渔民都提到，在长江口曾看见过一根桅杆，潮位低的时候会露出水面，20 世纪 80 年代前后，这根桅杆从水面上消失了。由于那时没有精确的卫星导航定位系统，渔民们只是知道大致水域。抱着这一丝线索，2014 年，我们与交通运输部东海航海保障中心对疑点区域进行了扫测，发现了一艘沉船，命名为"长江口一号"。

2015 年，上海申请了第一个水下考古调查专项，由国家文物局水下文化遗产保护中心和上海市文物保护研究中心对长江口一号沉船实施大规模水下考古调查。调查结果显示，长江口一号沉船为 20 世纪三四十年代的军舰。调查期间，还对周边疑点进行了调查，发现了一艘木质帆船，命名为"长江口二号"。之后，我们每年都对长江口二号古船进行小规模水下考古调查，直到 2018 年，发现了大量瓷器，其中一件吹绿釉杯器底书写"同治年制"款，从而确认长江口二号古船为清同治时期的大型贸易木帆船，船型初步推断为沙船，这也是目前唯一一条保存下来的沙船。长江口二号古船的重大意义得到国家文物局和上海市政府的高度肯定，从而确定整体打捞、建设古船博物馆的整体考古和保护路线。接下来几年，又开展了调查古船精确尺寸、编制整体打捞方案、博物馆选址等工作。由此，长江口二号古船成为世界首个古船整体打捞迁移，考古发掘与文物保护、研究、展示和利用同步开展的水下考古项目。

与此同时，我们还系统收集了上海水下文化遗产资源线索。长江口一号和长江口二号的位置是以沉船或者障碍物在海图上标注出来的，受此启发，我们从1842年上海第一张海图开始，梳理了大量历史海图，结合地方志、报刊等文献，在长江口收集到150余条线索，在杭州湾收集到40余条线索。在此基础上，初步建立了上海水下文化遗产地理信息系统，迈出了上海水下文化遗产信息"一张图"的第一步，为摸清上海水下文化遗产家底奠定了良好基础。我们有理由相信，上海是世界水下文物资源最富发现潜力的地区，上海水下考古未来大有可为。

跨界合作　科技赋能

2010年的水下考古调查，让我们切身体会到长江口水文环境的恶劣，水下能见度几乎为零，潜水探摸工作犹如"盲人摸象"，水快、流急，潜水作业危险性很大，要想安全而有效地在长江口进行水下考古，必须联合专业的海洋探测机构和海洋工程队伍，跨界合作，以科技赋能水下考古。从2015年开始，上海大学和交通运输部上海打捞局参加了长江口一号、二号的水下考古调查，这一合作前后历时八年。

利用上海大学精海无人艇团队在无人艇、机器人等领域的优势，我们合作开展前瞻性的"智能化水下考古"探索，利用无人艇能够在复杂地形和恶劣水文环境下自动灵活操控的特点，开展智能化扫测工作，设计了水面扫测无人艇和水下机器人立体结合的智能化文物探测方式。"机器人水下考古装备关键技术及应用"获得2017年上海市技术发明二等奖，这是我国水下考古在智能化领域获得的第一个省部级科技奖项。随后，我们继续在浑浊水域智能图像增强、声呐图像智能判读等智能化探测领域，进行有效探索，合作范围逐渐扩大到沉船遗产智能化保护和利用领域，开展了长江口二号古船遗址埋藏过程数字模拟、水下文物长期监测保护、水下考古多模态知识图谱构建与应用等领域，为实现水下文化遗产的长期监测、保护和利用，水下考古过程中的环境感知与决策等智慧考古和智慧遗产管理奠定了坚实基础。

交通运输部上海打捞局是我国成立最早的打捞局，船舶资源丰富，海洋工程技术雄厚，潜水员具备丰富的浑浊水域探摸能力。长江口水下考古调查期间，海上作业通常每天要潜3—4班水，每班潜水间隔6小时，无论严寒酷暑，工作效率高，节奏十分紧张，充满了拼搏精神。2018年长江口二号古船的价值确认后，为防止捕鱼作业、船舶临时抛锚等人为海洋活动可能对古船造成的致命损害，我们一方面继续向上海海事局申请了临时禁锚禁渔区，商请海事、海监、渔政等部门加强对遗址水域的巡查和监管；另一方面，还派船只看护遗址现场，直到古船整体打捞出水，多管齐下，确保了长江口二号古船的安全。

2022年，按照原生性、完整性和安全性的要求，我们与上海打捞局克服长江口水文条件复杂多变、水流快、能见度极差、回淤量巨大的困难，采用世界首创的"弧形梁非接触文物整体打捞迁移技术"，经过精心设计演算、模型试验和施工准备，弧形梁方案取得了巨大成功，端板纵梁组合体整体下放顺利到位，22根巨型弧形梁顺利穿引，单根作业最快仅用时6小时。这项史无前例的沉船打捞技术，创新性地运用隧道掘进工艺、单船竖向液压同步提升技术、智慧打捞系统，创造性地研制中部大开口专用打捞工程船"奋力"轮，成功将长江口二号古船整体打捞出水，浮运进杨浦滨江上海船厂旧址1号船坞内，平安落座船坞旧址。

如今，长江口二号古船落座于上海船厂旧址1号船坞，船体上方有古船保护舱覆盖，舱内实现了控温保湿，古船得到了有效保护，不用再担心自然和人类活动对其造成损坏。我们要衷心感谢来自全国各地的水下考古队员、各合作单位的科研技术人员，以及各行各业所有参与这项工作的人员，为保护长江口二号古船这一珍贵水下文化遗产付出的智慧和辛劳。

翟 杨

上篇
长江口二号古船水下考古

长江口二号古船位置示意图

　　长江口二号古船遗址，位于上海市崇明区横沙岛东北，长江口北港航道水下约8—12米（低平潮—高平潮）处。

　　横沙岛由长江泥沙淤积而成，在清道光年间浮出海面，最早是一个江心沙洲，因受海水侵袭，逐渐形成一片长满芦苇、三棱草的盐碱地。同治年间开始征息，收入甚微。

横沙岛属亚热带季风性气候，具有明显的海洋性气候特征，四季分明，年平均气温15.4摄氏度，年总降雨量1100毫米左右，常年风向以东北风、东南风为主。每年7—9月热带风暴、台风影响这一地区，台风以偏东北风和偏东南风为主，常伴有暴雨或大暴雨，台风等风暴期间最大波高可超过6米，波基面为-30米。

长江口属中等强度的潮汐河口，每天两涨两落，日潮不等现象较为显著。南港平均涨潮历时5小时15分，平均落潮历时7小时15分。据横沙水文站历年潮位统计资料：历年最高潮位5.53米，平均高潮位3.23米，平均低潮位0.64米，历年最低潮位-0.60米。

长江口存在一个悬浮泥沙含量特别高、水体非常浑浊的区域，被称为最大浑浊带，南支主要分布在拦门沙区域。2017年2月（枯水期）在北港口门位置的水文泥沙特征值统计数据显示，在一个潮周期内，表层悬浮泥沙浓度最大值可达368mg/L，出现在落急之前；最小悬浮泥沙浓度为28mg/L，出现在小潮涨憩时；该站位表层平均悬浮泥沙浓度也高达112mg/L。按照长江口悬浮泥沙垂向分布一般规律，悬沙浓度由表层向底层越来越高，底层可以达到表层浓度值的数倍。高悬浮泥沙浓度造成古船遗址所在水域能见度几乎为零，在这种条件下实施水下考古难度非常大。

无人机航拍水下考古工作现场图（2019年）

一、踏破铁鞋——发现古船

2015年，上海水下考古队在对20世纪三四十年代发现的长江口一号沉船遗址附近开展海洋物探调查时，意外发现了一艘木质沉船，即长江口二号古船。当时古船遗址略高于周边河床，中部有一处高约2米的凸起物。

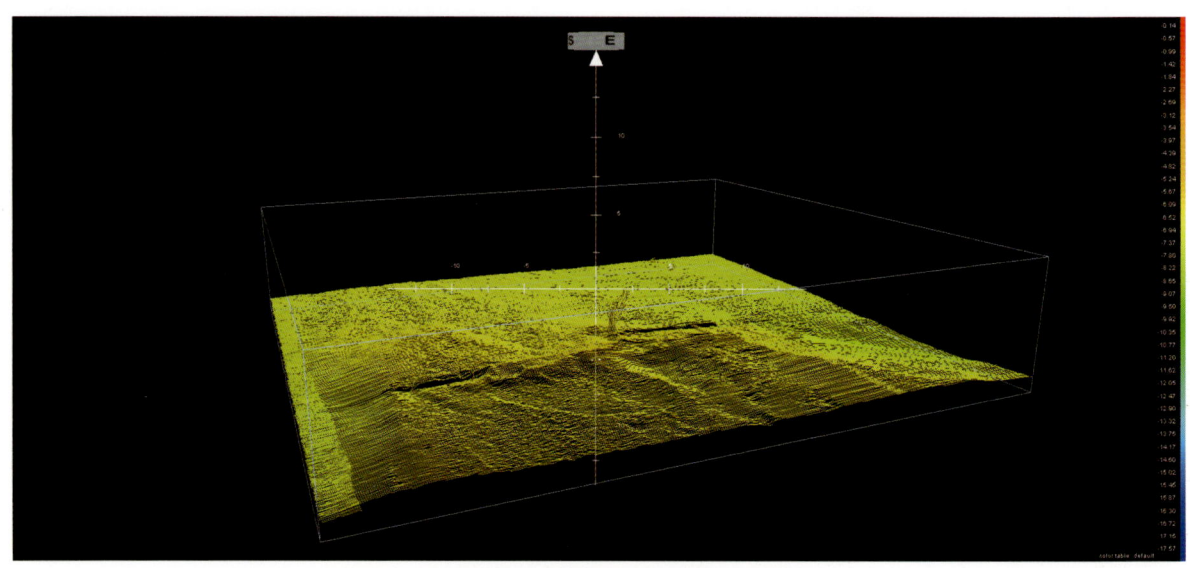

长江口二号古船遗址多波束声呐成像图（2015年）

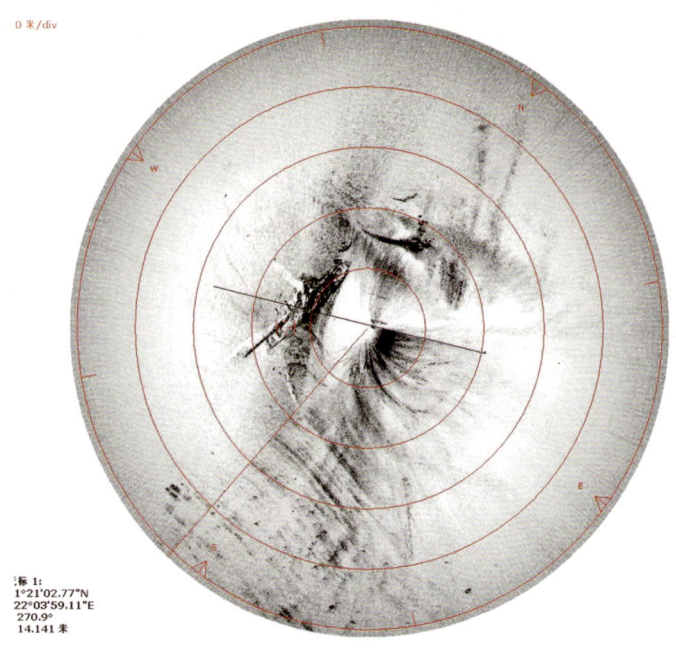

长江口二号古船MS1000旋转声呐扫测图（2016年）

为进一步了解长江口二号古船的性质，2016年11月，水下考古人员对古船所在水域进行水下考古调查。通过物探扫测和潜水探摸，确定了长江口二号古船为一艘木质古船，露出泥面部分总长23.8米、宽6米。

当年清理出水木质文物3件、越南合礼窑淡青釉水烟罐1件。综合木质船体构件碳十四测年和水烟罐的热释光测年数据，初步推断长江口二号古船的年代为清代早期。

2016年出水的大型木构件

其中一件出水木构件基本位于船中位置，略靠右舷。长21.5米、宽0.5米、厚0.38米，总体前细后粗，主要由铁钉连接长短两根木料而成，连接处有粘合物涂抹缝隙，表面规则地分布着T形和长方形凹槽。

据检测，此构件木材为娑罗双（Shorea sp.，隶龙脑香科）和杉木。其中，娑罗双木主要产于印度、缅甸、马来西亚和菲律宾等东南亚国家，是晚清常用造船木材。

为更深入地了解长江口二号古船，2017年12月，再次对古船遗址进行海洋物探调查和潜水探摸，发现沉船长约29米、宽7米，船尾、桅杆和船舱保存状况良好。但限于工作环境、海况恶劣，加之经费有限，工作时间不足，当年仍未能获取长江口二号古船的详细信息，特别是船舱内的情况。与此同时，上海市文物局有效地推动了该水域水下文物保护工作，委托上海海事局在古船遗址范围内划定禁锚禁渔区。

二、古船何为？——确认年代和性质

由于长江口二号古船的尺度和船体结构，特别是船舱分布情况仍需进一步确认，为此，2018年水下考古调查期间开展了海洋物探扫测和潜水探摸调查，了解到长江口二号古船南北长约28米、东西最宽处约7米，中部有残高约2—2.3米的桅杆，桅杆北部大部分甲板、船舷板等船体结构保存完整。在对古船遗址南侧的一个舱室的局部清理中，发现舱内装载有瓷器、木桶等。

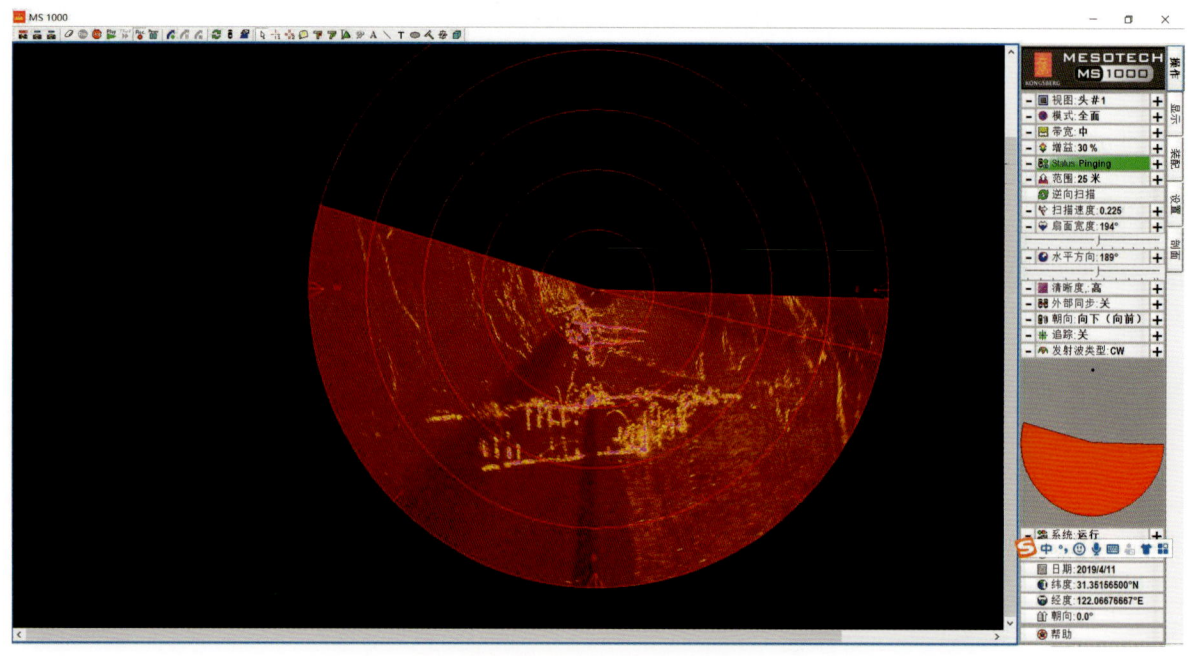

长江口二号古船MS1000旋转声呐扫测图（2018年）

该年度出水文物以瓷器为主，其中又以青花瓷器居多，如青花梵文折腹碗、青花团龙纹盖碗、青花缠枝莲纹碟等。除此以外，还发现了数件吹绿釉杯。此类器物底部均以矾红彩书写"同治年制"

2018年长江口二号古船出水瓷器

2018年长江口二号古船出水文物

2018年长江口二号古船出水吹绿釉杯

四字篆书款,将长江口二号古船年代上限确定为清同治年间(1862—1874年)。

木桶板上墨书"时泰"二字,遗憾的是,我们检索了大量历史文献,仍未能了解到长江口二号古船的更多信息。

2018年水下考古调查工作结束后,我们及时向国家文物局和上海市文物局汇报了本年度的工作成果。国家文物局给予高度重视,并以《文物要情》(总第689期)的方式上报中共中央办公厅、国务院办公厅、中宣部等。2019年1月3日,召开项目结项会,与会专家高度评价了长江口二号古船的重要发现,并建议尽快实施整体打捞。

三、漫长探索——准备整体打捞

经过2016—2018年的水下考古调查,长江口二号古船的年代和性质已经基本确定。从海洋物探图像可以直观地看出,这艘重要的晚清木质沉船正面临长江口水流的强力冲刷,亟须通过整体

2019年长江口二号古船水下考古工作队合影

打捞予以保护；但是古船的尺寸和形制、船载文物的散落情况等，尚有许多未解之谜，这些都是在制订古船整体打捞方案前必须要回答的。为此，2019年至2022年古船整体打捞迁移之前，水下考古工作的重点是确认长江口二号古船的尺寸和形制，以及古船周边文物散落和障碍物情况。

（一）工欲善其事，必先利其器——浑水水下考古探索

长江口二号古船所在水域水流湍急、流向复杂、能见度几乎为零，潜水作业安全系数低、作业难度大。要了解长江口二号古船的尺寸和形制，必须解决浑浊水域水下考古精确定位的难题。

2019年水下考古调查过程中，开展了海洋物探，综合运用多波束声呐、侧扫声呐、浅地层剖面仪、BV5000三维声呐、MS1000旋转声呐和DGPS差分定位仪等设备，以及无人艇搭载Coda3D实时声呐，实现了水下遗址的精确定位，有效地引导了零能见度、水流复杂的工作环境下水下潜水员的定位、水下探摸和拍摄作业等工作，也验证了对已知沉船遗址进行水下考古调查或发掘的基本经验，即认真分析物探扫测结果、充分结合精确定位系统，能够极大提高潜水作业效率、获取更多水下沉船的信息。

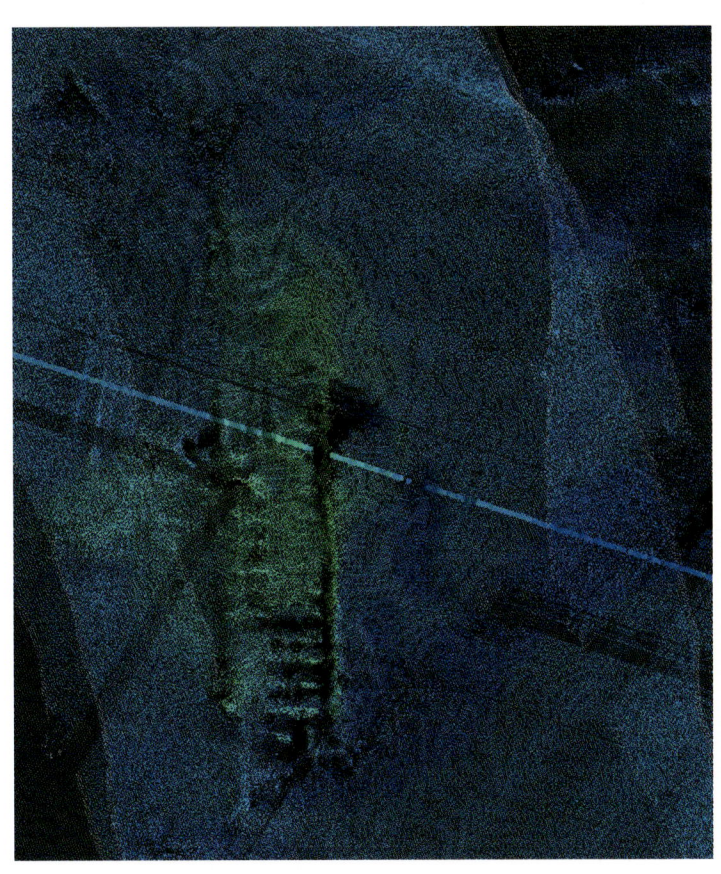

长江口二号古船多波束声呐图（2019年）

长江口水域泥沙含量高、流速快、能见度几乎为零，无法通过普通相机获取古船光学影像。为此研发的适用于浑水环境下的水下摄像装置，获得国家发明专利授权。自2015年开始在长江口水下考古项目中投入应用，目前已更新迭代三代，成功获取了长江口一号和二号的部分光学影像；同时，结合浑浊水域智能图像增强技术，可以窥见古船的部分真面目。

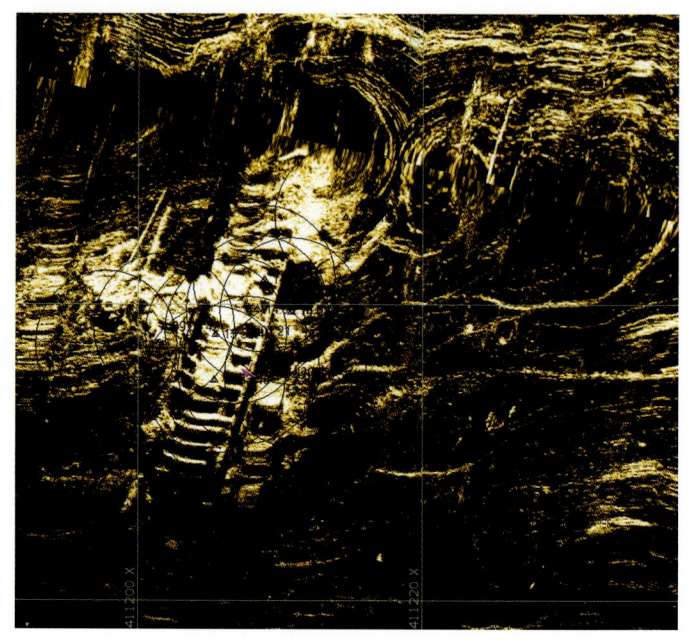

长江口二号古船遗址侧扫声呐图像（2019年）

精海无人测量艇合成孔径声呐扫测

浑浊水域水下摄像装置
（尺寸0.5米×0.3米×0.4米，重量10千克）

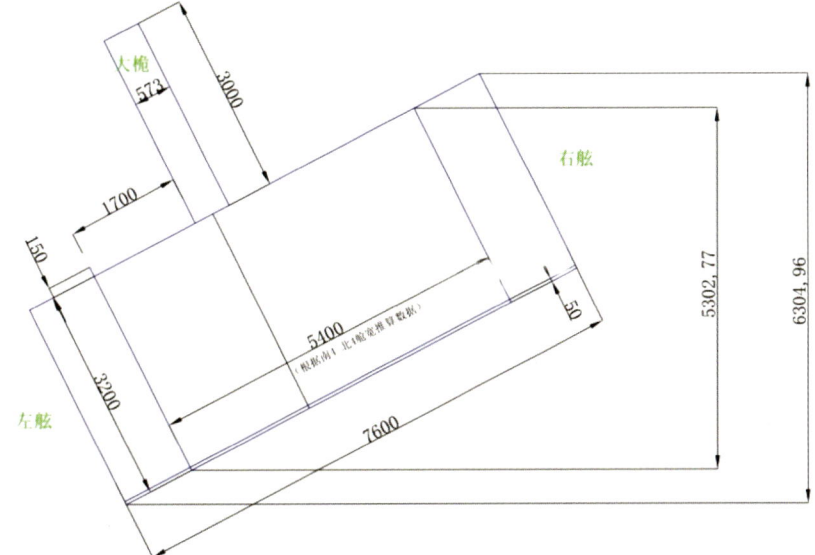

2020年度调查探测沉船型深及高度示意图（单位：毫米）

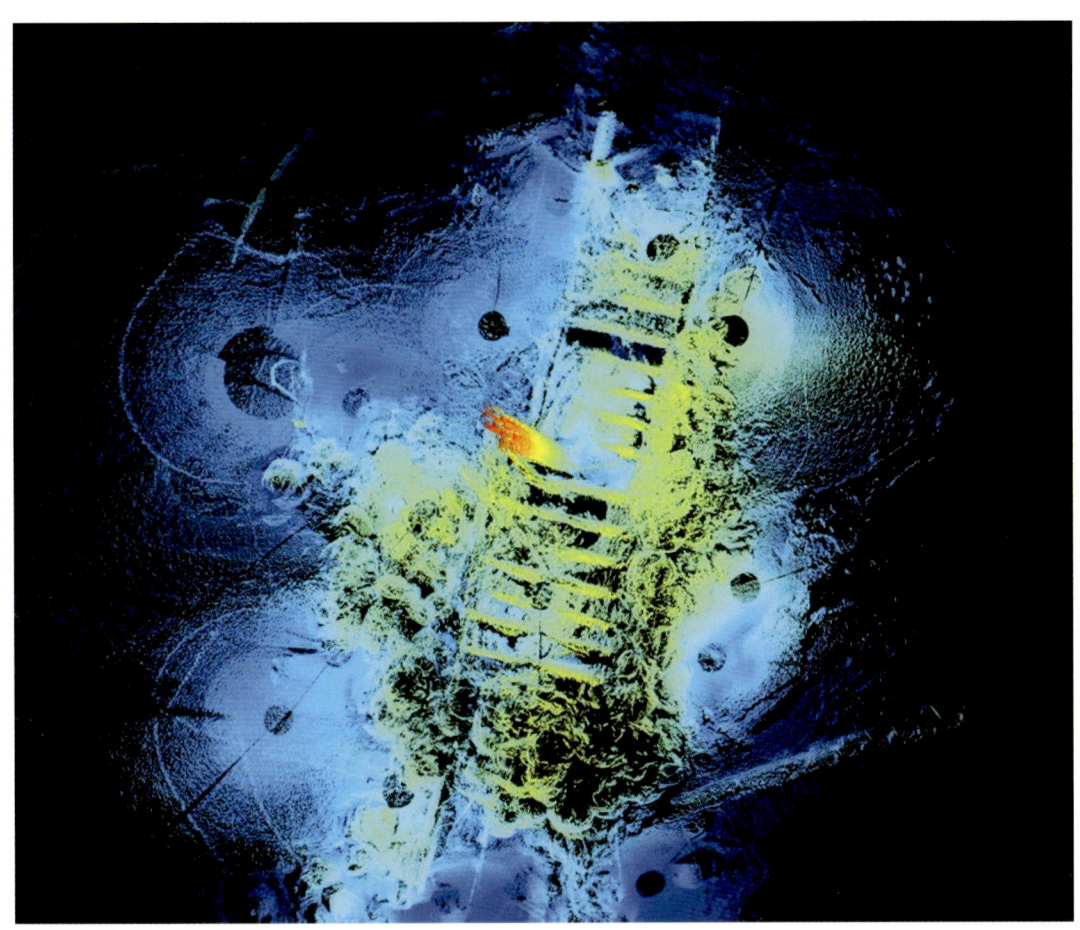

BV5000 扫测合成图（2021 年）

2021年度水下考古调查期间,通过约50个站位的全方位系统扫测,并经专业技术人员的整体拼接,获取沉船及周边区域的三维地貌模型,即三维声呐全景点云数据。该图不仅囊括了长江口二号古船的细部结构信息,包括隔舱板、船旁木板、桅杆、船舱、缆绳等结构,甚至船板上的铁钉形态、桅夹上的长方形孔等,还可以观察古船内外的泥面变化、沙袋堆放等情况,在一定程度上可以替代长江口二号沉船遗址因水下零能见度而无法获取的水下摄影摄像记录。

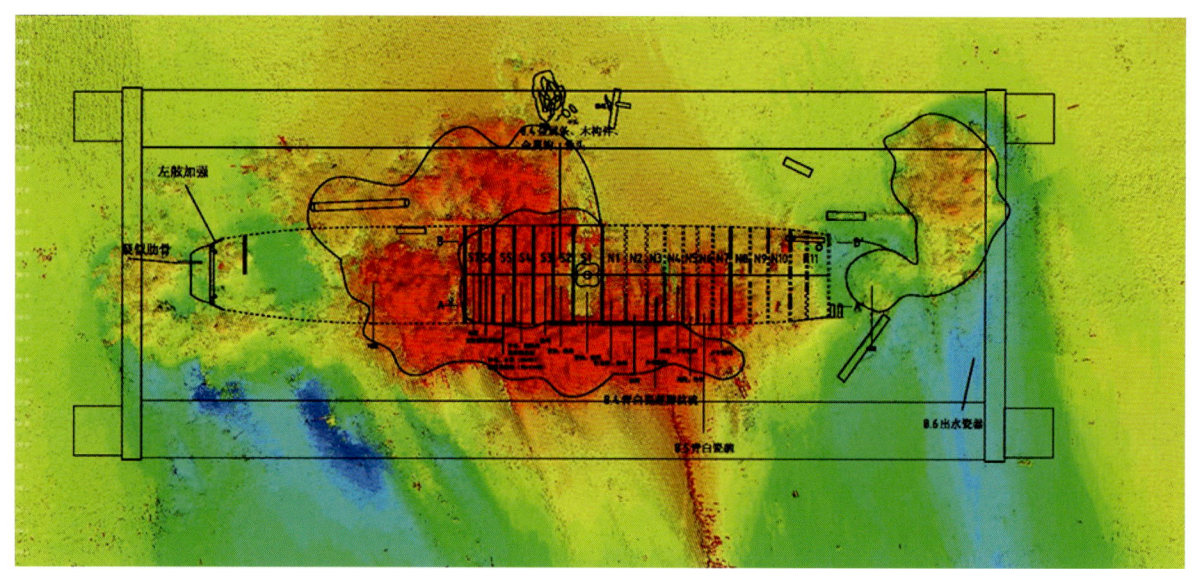

2021年度沉船遗址调查区域与遗迹、遗物标注图

外部ABCD框为2021年度调查区域,长方形红框为拟古船整体打捞的沉箱范围,图中标注为调查发现的遗迹、遗物位置图。

(二)时间胶囊——古船

沉船整体窄长,长约38.1米,宽约7.6米(2022年再次复核沉船宽约9.9米),型深约3.65米。船体下部结构整体保存较好,船舷板、肋骨、隔舱板结构清晰,隔舱宽约1米,上、下板之间以长铁钉钉合,已调查发现不少于31个舱室。主桅杆位于古船中部,圆形,上部断裂,随船体整体向左倾斜,疑似有移位。

对比古代船舶的长宽比例特征,初步判断长江口二号古船的船型为沙船,是清代晚期往来上海港的典型船型。

船舵（舵柄和舵杆） 2022年整体打捞前，在古船遗址北端发现。由舵杆、舵柄以榫卯结构连接而成，并以铁箍加固，舵杆为圆木，长5.6米，直径0.42米，外侧以排列密集的铁箍加固，下连舵叶（位于船底未提取出水）；舵柄由三根方木组成，外侧以铁箍加固，中部舵柄长6.28米，两侧夹杆分别长3.78米、2.28米。

船舵是木帆船重要的船体构件，据此判断船艉位于古船遗址北部，舵叶形态对于船型判断有指示意义。此前中国沿海古船考古中并未发现过船舵，此次发现颇为珍贵。

船舵（舵柄和舵杆）

四爪铁锚

四爪铁锚　杆长3.1米。直径8—13厘米，四齿长1.1米，杆顶端有圆环，以系锚绳。

单门滑轮

单门滑轮　索具的一种，推测用在帆面转向绳索上。利用滑轮可以省力或者改变力的方向。这件木滑轮直径约32.8厘米，宽9.6厘米，高11厘米，滚轮直径9.9厘米。2019年发现于船艏右侧（当时记录为船艉左舷），整体呈纺锤形，轮和轴均为木质。

木圆盘

木圆盘 可能是船用绞盘的下车盘。整体呈圆盘形，侧面中间微凹，中心位置有一圆形穿孔。最大直径 32 厘米，内孔直径 8 厘米，厚 8 厘米。2022 年长江口二号整体打捞迁移预处理阶段，在古船南部中间位置发现。

四、缘何沉没？——沉没原因推测

长江口二号古船为何沉没？环境考古学家从沉积学角度提供了一种解释。

2017 年 10 月在北港长江口二号古船所在位置（水深 -9 米，1985 高程）获取一个钻孔，编号 KZ01-A。在实验室里将岩芯对半剖开，观察沉积物的颜色、物质组成、沉积结构和构造、地层接触关系等沉积学特征，钻孔地层表明，古船沉没事件之前和之后北港沉积环境曾发生过巨大变化。可判断出古船沉没事件发生在北港贯通之前，以涨潮流（海水自海向陆的水平流动）为主的环境下。

根据长江口最早的历史海图，北港上口在 1842 年还未完全打开，水下浅滩与崇明岛相连，长江口南支的径流主要自南港入海，因此在那个时候北港以潮汐和波浪作用为主，所沉积的泥沙也以涨潮流输入为主。到 19 世纪 60—70 年代，北港上口冲开，在径流的冲刷作用下，北港的水深明显加大，经北港入海的长江径流量因此增多，同时其携带的长江泥沙也进入北港。

KZ01-A 孔典型岩性照片

地层记录显示，古船沉没事件层与下伏涨潮槽沉积层之间有一个侵蚀面，侵蚀面上有一个砂质薄层，粒度分析结果显示，该薄层砂的粒径明显大于现代北港的砂质沉积，而与北港贯通之前的拦门沙及前缘斜坡的砂质层较为接近，可见该砂质薄层为波浪成因而非洪水成因。

据此，推测长江口二号古船沉没事件很可能与台风灾害天气有关。

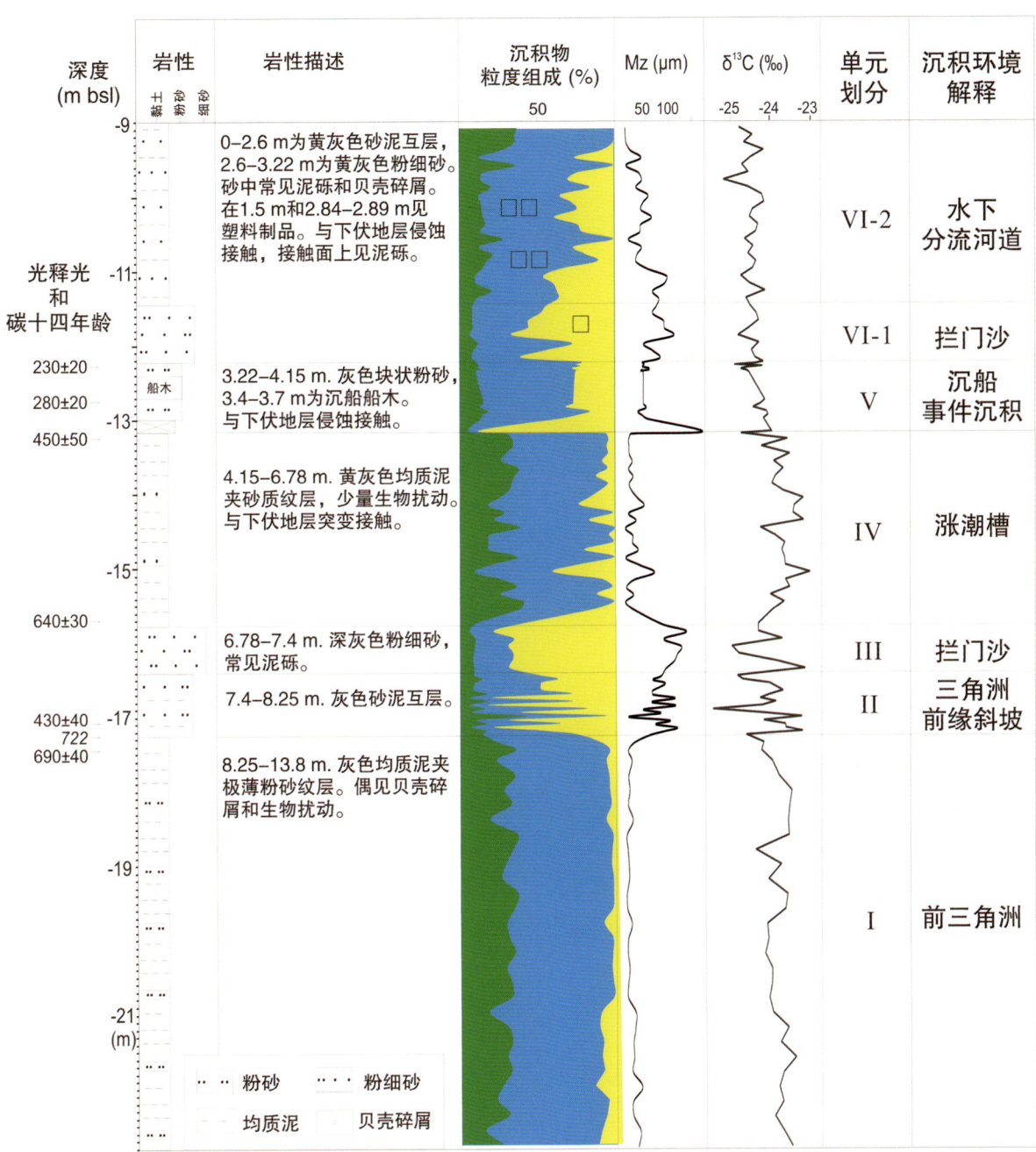

ZK01-A 孔多指标分析结果及沉积环境解释

中篇

长江口二号古船整体打捞迁移

一、为何要整体打捞古船？

长江口二号古船，是继 35 年前发现的广东宋代南海一号沉船之后，中国水下考古又一里程碑式的重大发现。长江口二号古船是目前国内乃至世界上发现体量最大、保存最为完整、船载文物数量巨大的古代木质沉船之一，是弥足珍贵的文化遗产，具有极其重要的历史、科学、艺术、社会和文化价值。

习近平总书记指出，"考古工作是展示和构建中华民族历史、中华文明瑰宝的重要工作"。经过几代考古人接续奋斗，我国考古工作取得了重大成就，延伸了历史轴线，增强了历史信度，丰富了历史内涵，活化了历史场景。长江口二号古船的发现，充分体现了考古工作以物论史、以史增信的历史意义和现实作用。

从全国层面看，长江口二号古船的发现填补了我国这一历史时期大型木质沉船的重要空白；为"海上丝绸之路"和长江"黄金水道"的研究提供了重要实证；为"一带一路""海洋强国"和长江文化的建设充实了重要内涵；为"海上丝绸之路"联合申遗增添了重要砝码。

从上海层面看，长江口二号古船是近代上海作为东亚乃至世界贸易和航运中心的实物见证，为上海这座国家历史文化名城丰富了文化内涵；为上海强化"四大功能"、深化"五个中心"建设、提升城市软实力增加了文化自信；更为打响"上海文化"品牌、擦亮"江南文化"名片充实了文化资源。

从学术层面看，长江口二号古船保存完整，船载文物丰富，对中国乃至世界的造船史、科技史、海交史、陶瓷史、经济史等学科的研究具有十分重要的科学价值。

从技术层面看，长江口二号古船的水下考古工作在零能见度的环境下取得关键性技术突破和成果，为全球开展河口海岸复杂浑水水域的水下考古研究提供了新方法，开辟了新思路，树立了世界浑水水下考古技术的新标杆，是中国水下考古迈入世界一流水平的重要标志之一。

二、挑战不可能——整体打捞，挑战重重

（一）长江口水文环境的"三大考验"

一是流速之快，古船附近水流流速最高时可达 7 节（3 米/秒），而潜水员正常水下作业时流速一般在 1 节以下，在极大的流速影响下，潜水员无法进行长时间水下作业。

二是水质之浑，长江口水域含沙量大、水质浑浊，潜水员水下作业时如同"盲人摸象"，即使在流速很慢时可视距离也不足0.5米。

三是回淤量之大，潜水员无法完成船底打洞作业，即使完成，在短时间内泥沙又会迅速回填，让水下打捞成为不可能完成的任务。

（二）古船与文物保护的"三大要求"

古船在大量泥沙的冲击下，至今仍然保存完整，已堪称奇迹。而木质船体和船载货物都极为脆弱，可以想象在打捞的同时，确保古船原生性、完整性、安全性的难度之大。

从原生性的角度看，打捞作业需最大限度让古船保持水下原有状态，将古船、江水、泥沙一体打捞，使考古研究更加具有可信性。

从完整性的角度看，打捞方案需尽可能将古船周围散落文物等一同打捞出水，为古船沉没原因、河床沉积变迁等分析研究提供更多信息。

从安全性的角度看，作业过程需充分确保木质古船与船载瓷器安全，避免水下穿引、提升出水及运输进坞等过程对古船和文物产生损坏。

潜水装具

三、古船打捞"黑科技"与先进制造

经过长期调查、论证、预处理和准备工作，2022年3月，古船整体打捞和迁移工程正式启动。上海市文物局组织上海市文物保护研究中心和上海打捞局设计的"弧形梁非接触文物整体迁移技术"为古船打捞打造了诸多"黑科技"，创新性运用隧道掘进技术，创新性运用单船液压同步提升技术，创新性建造中部大开口专用打捞工程船"奋力"轮，依赖中国高端的制造能力和上海打捞深厚的打捞经验，最大程度地保护了水下文物的原生性、完整性、安全性。

（一）科技创新攻克古船打捞难题

在以往的沉船打捞作业中，最核心的是"穿引"和"提升"两大技术。穿引是指在沉船底部打出通道并将钢丝穿过，提升则是指将沉船提升出水。在此之前，这两大技术分别大致经历过四代革新。

"穿引"技术：

第一代：20世纪50年代以前，采用人工竹片在船底进行钢丝穿引；

第二代：20世纪50年代前后，带高压喷头的船底攻泥器；

第三代：2007年前后，引入路基非开挖铺管钻机来攻穿船底钢丝；

第四代：与第三代几乎同一时间，创新了船底穿引钢梁技术。

"提升"技术：

第一代：20世纪50年代初，采用封舱抽水、驳船抬撬工艺；

第二代：20世纪50年代末，创新利用浮筒产生浮力带动沉船提升；

第三代：20世纪70年代后，依靠浮吊船进行提升出水并开创多艘浮吊船配合吊浮的作业工艺；

第四代：2010年前后，创新使用双抬驳横向液压同步提升技术，将沉船打捞由传统的"模糊工程"带入了"数字化工程"。

在上海市文物局的组织下，上海打捞局在进行古船前期探摸保护的同时，便开始着手为古船整体打捞进行技术储备。最初，技术团队设计了沉井方案、沉箱方案和弧形梁方案三种古船整体迁移方案，经过严谨的理论分析研究和多次技术论证，经多方专家评审，2020年8月，确立了"弧形梁非接触文物整体打捞迁移技术"，形成了长江口二号古船整体迁移项目方案。该方案在"穿引"技术方面采用弧形梁掘进穿引，在"提升"方面创新使用了单船竖向液压同步提升技术，结合两大核心技术的最新创新成果，形成第五代打捞工艺。该方案是上海打捞局技术团队基于长江口水文条件特殊性而量身制定的，2021年4月，通过国家文物局评审。

研发团队分别于 2021 年 1 月和 10 月进行了两次 1∶10 模型试验，2021 年 10 月 8 日又开展了弧形梁连续顶进试验，2021 年 9 月开始进入等比例试验设备加工制造环节，前后共历时 102 天，耗用钢材约 750 吨。2022 年 1 月 26 日，打捞主作业船"大力号"完整起吊试验装置，等比例试验取得圆满成功，充分验证了打捞方案的可行性。

采用"封舱压气抽水"法打捞沉船

采用浮筒打捞技术起浮沉船

运用浮吊船进行打捞

运用双抬驳横向液压同步提升技术进行沉船打捞

托底钢梁穿引

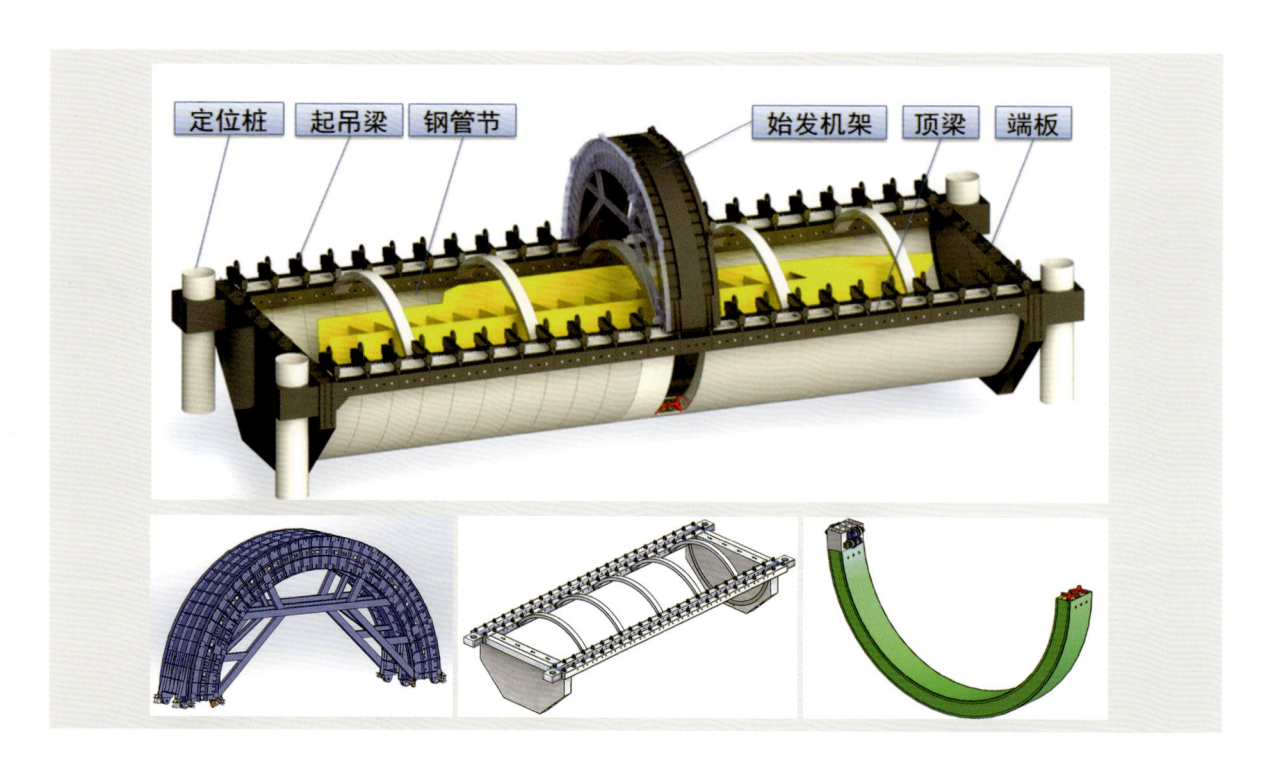

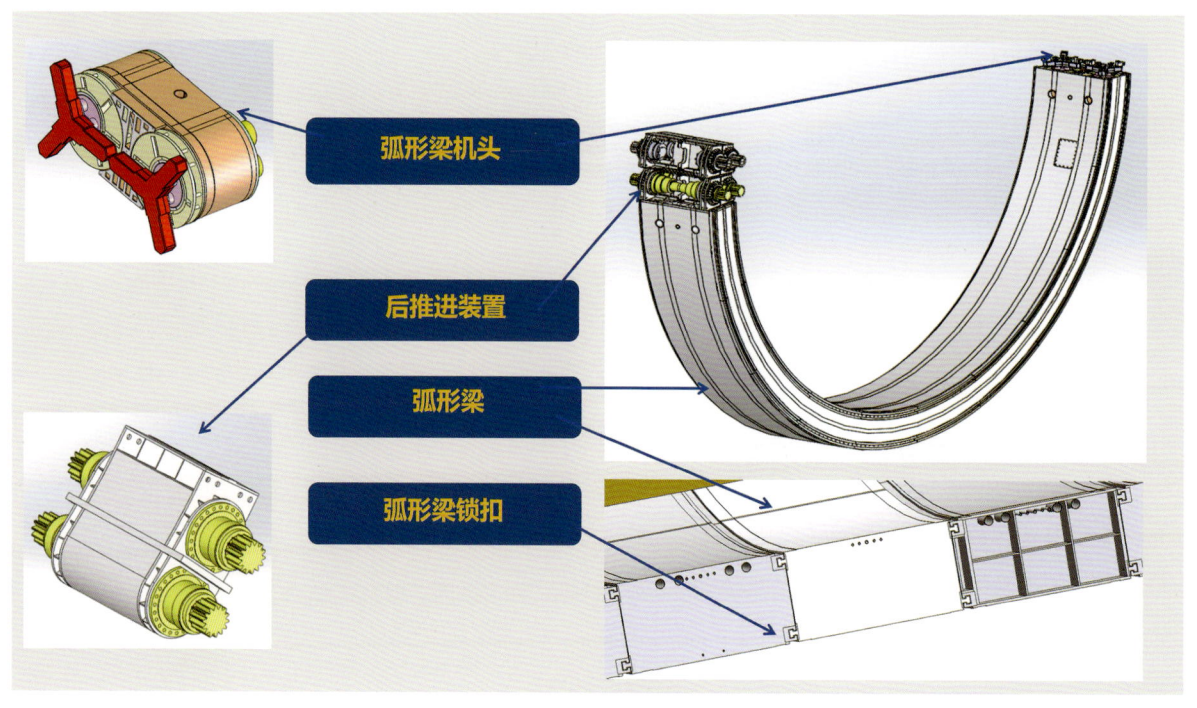

打捞整体示意图

20世纪80年代初,作为国内首艘2500吨浮吊船、亚洲第一吊,"大力号"承担了当时我国大部分海上平台的吊装作业,大力拓展了海工专业领域,掀开了立足国内、走向全球的发展新篇章。服役40多年来,"大力号"凭借起吊能力大、跨距远等优点,在国内外多项重大工程建设和应急打捞任务中大显身手、战功赫赫,曾完成东海大桥桥墩和桥面板吊装架设任务,连续507天保持高负荷状态,顺利完成308块桥面板作业安装。1983年5月,"大力号"首次为渤海湾埕北油田进行海上输油导管架安装;1987年,完成宝钢原料码头抢修工程;2003年,完成南海番禺油田单点系泊系统安装工程;1997年,打捞吴淞口难船"林海5号";1999年,打捞渤海湾"大舜"轮;2006年12月,成功打捞黄浦江沉船"银锄"轮;2017年,作为主作业船完成韩国"世越号"打捞工程;2021年,完成长江口"新其盛69"沉船打捞等重大应急抢险工程。

长江口二号古船整体打捞迁移工程主作业船之一"大力号"

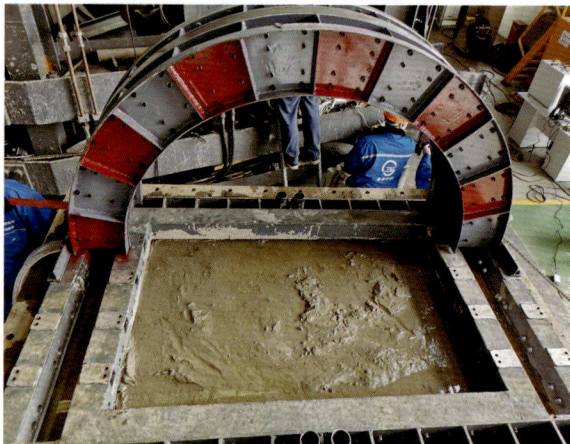

2021年10月，完成打捞弧形梁1∶10等比例试验

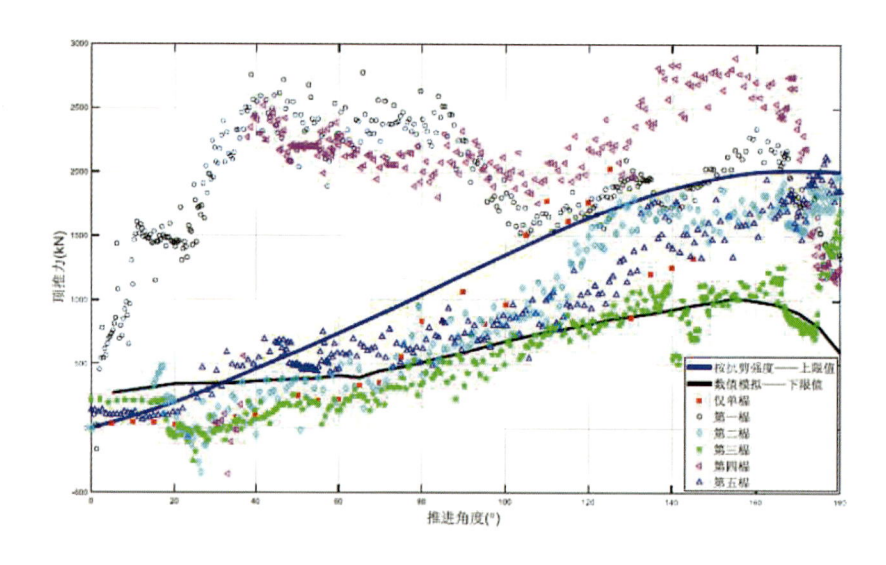

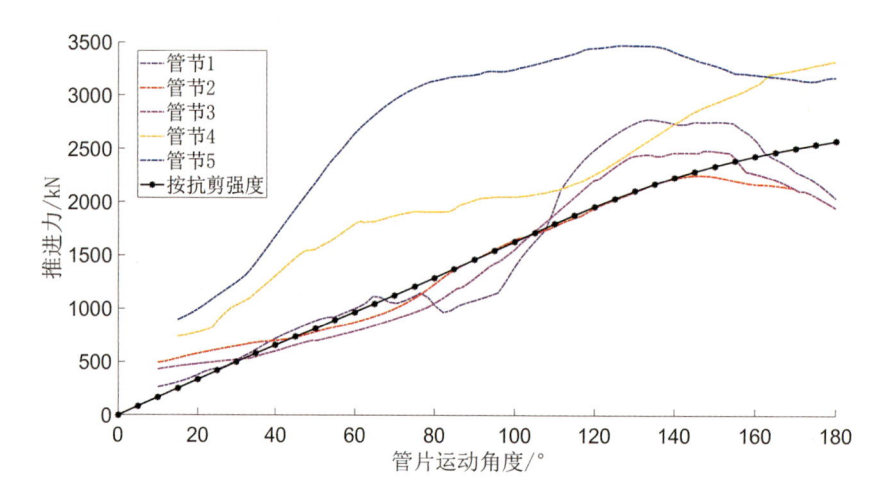

两次1∶10模型试验顶推力变化曲线图

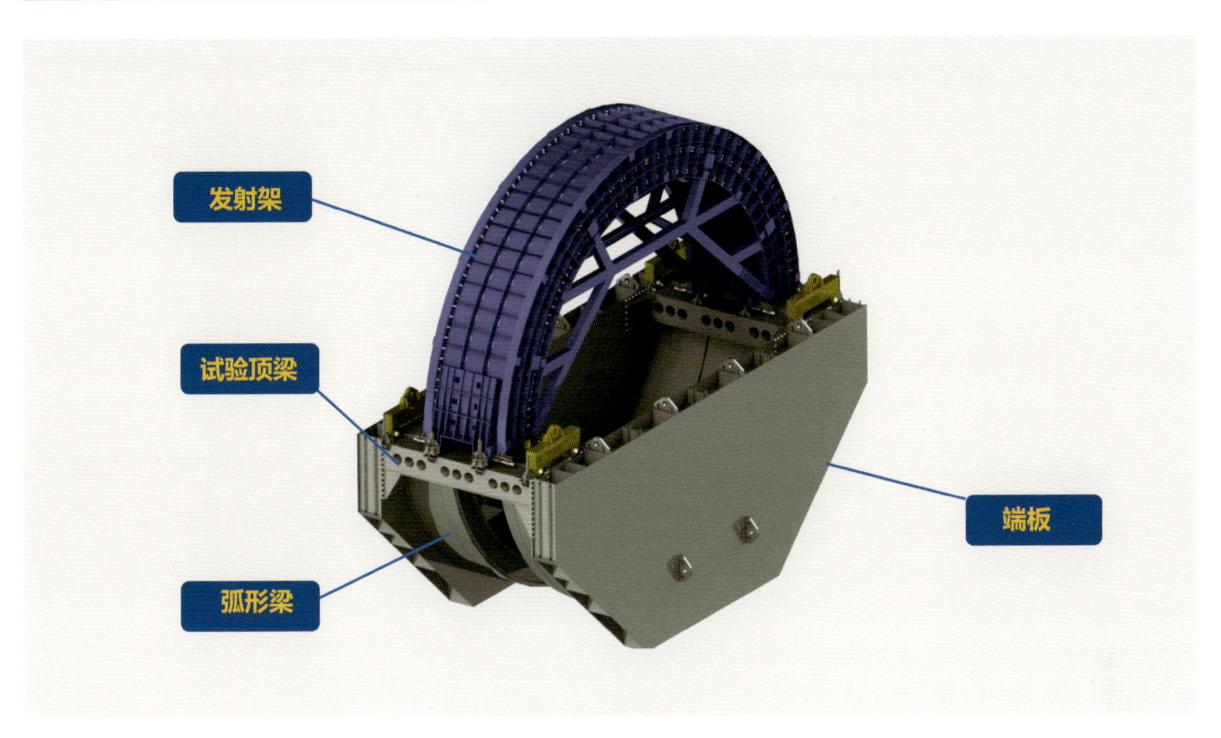

等比例试验示意图

(标注：发射架、试验顶梁、弧形梁、端板)

2022年1月26日，等比例试验圆满完成

等比例试验顶推力变化曲线图

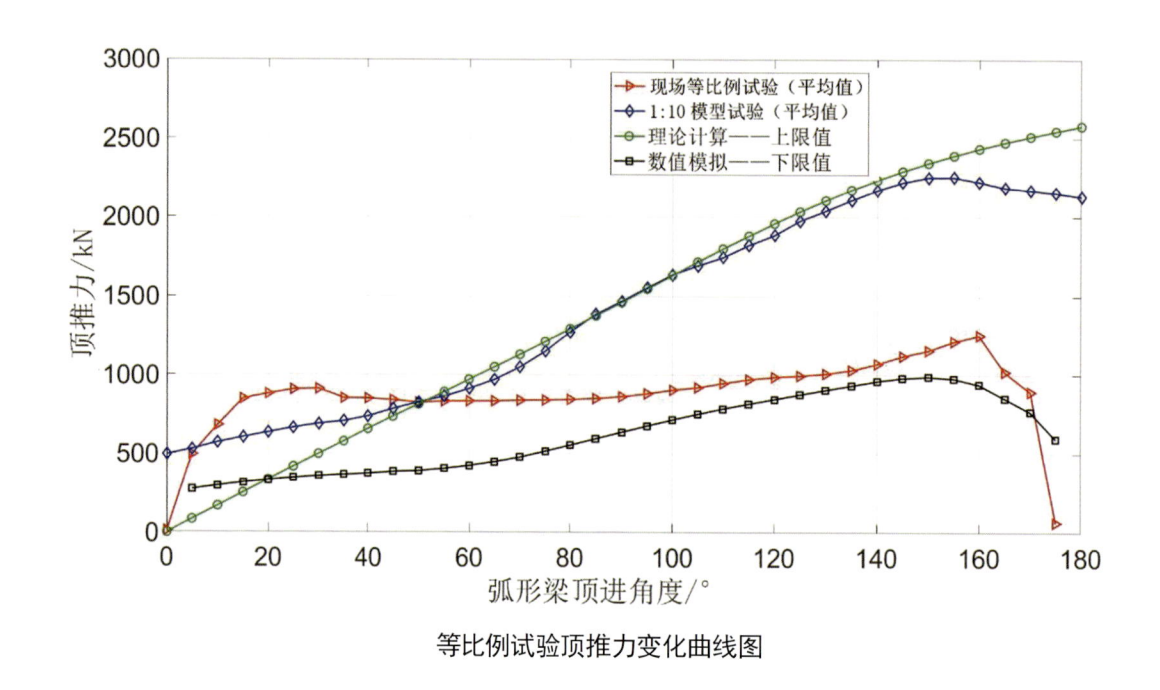

（二）黑科技之一：弧形梁掘进穿引技术

"弧形梁掘进穿引技术"是研发团队从地铁隧道的盾构技术中获得的灵感，并结合古船打捞实际进行改进，每一根弧形梁都有近百吨，在弧形梁的顶部搭载了威力巨大的隧道盾构掘进装置，推进力可达400吨，可以使弧形梁从古船底部快速掘进、击穿长江口水底厚厚泥沙乃至岩石杂物。

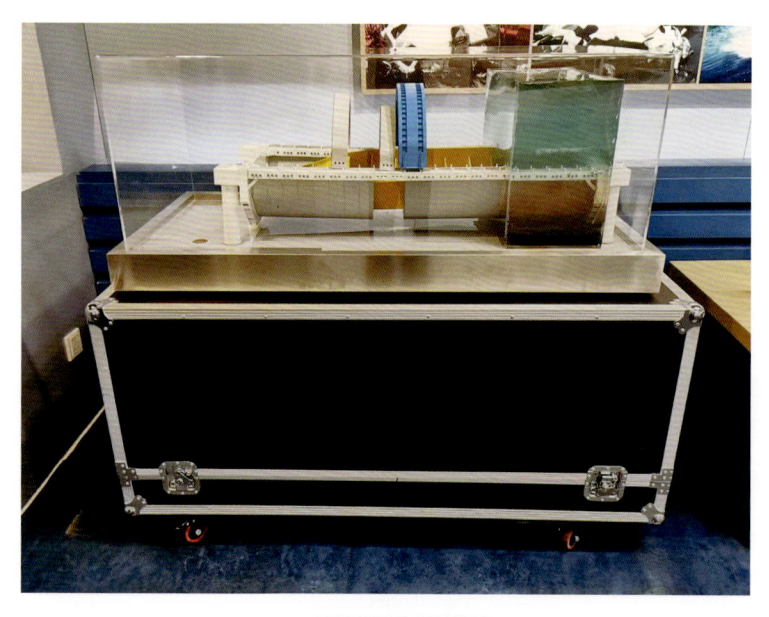

弧形梁穿引模型

这种弧形梁掘进穿引技术能实现自行智能精准掘进，同时能有效避免泥沙开挖所产生的回淤和塌方。在实际作业中，22根弧形梁通过发射架在古船上方安装，然后通过发射装置推进翻转到古船底部，这22根弧形梁紧密度极高，误差在毫米级别，最终22根弧形梁将通过锁扣一一契合，形成一个巨大的弧形弯刀，精准精细地将古船从泥沙中分离、切割出来，组成一个长51米、宽19米、半径9米、总重近1万吨的半圆柱体沉箱,把古船及周围泥沙、海水"滴水不漏"地包裹起来,做到连泥带水一起打捞出水,对维护文物资源的历史真实性、风貌完整性、文化延续性都具有重大意义。

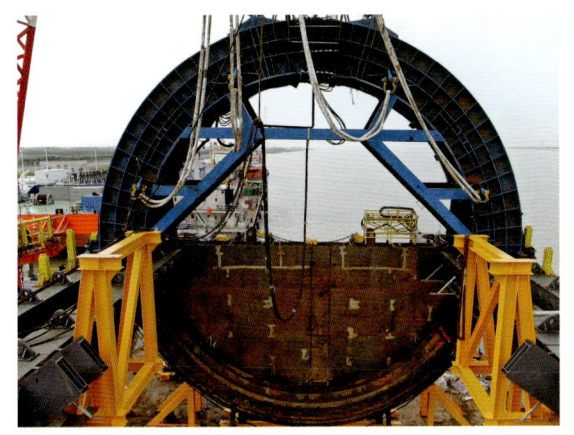

弧形梁系统组装调试

(三)黑科技之二:竖向液压同步提升技术

液压同步提升技术运用计算机控制,在"奋力"轮月池两侧分别安装23套大型拉力千斤顶,利用拉力千斤顶将连接古船沉箱的起浮钢丝收紧,从而将古船从江底抬浮出水。此技术可以清楚了解每根钢丝的受力情况,随时调节钢丝位移,具有适用范围广、可靠性高、安全性强、打捞速度快等优点。

智慧打捞系统是结合古船打捞集中监控技术、数字孪生技术和三维场景建模技术及无线通信技术而开发的一套古船智慧打捞监控系统。该系统通过在打捞现场部署海洋仪器及各类传感器,对海洋环境参数、打捞船及古船姿态、打捞船提升力/航程等关键信息进行测量和采集。同时,开发相关软件对关键工况信息进行集成处理、分析,配置数据库进行数据存储,并通过数字孪生技术及开发全新的人性化UI界面在终端实现对整个打捞提升作业的三维仿真实时显示。此外,该系统还可以通过无线船岸通信系统进行船岸信息共享,实现古船整体打捞过程的远程监控。

"奋力"轮液压提升装置

智慧打捞系统界面

（四）黑科技之三：量身定制专用打捞工程船

"奋力"轮是上海打捞局综合船坞大小、古船沉箱尺寸、提升刚性需求、船舶建造规范等多方面内容，创新性地为古船整体迁移项目设计建造的一艘中部大开口的专用打捞工程船，2022年

专用打捞工程船"奋力"轮模型

专用打捞工程船"奋力"轮

3月开始建造,历时130天完成。船舶主尺寸长130米,宽34米,型深9米,设计吃水6米,最大特点是在船体中部开口,自带一个长56米、宽20米的月池,将古船沉箱揽入怀中。与传统的沉船整体打捞方式相比,"奋力"轮优势突显:一是传统整体打捞方式至少需要投入2艘抬浮驳、1艘半潜驳,分别进行抬浮、运输、进坞、卸载作业,而"奋力"轮则实现了仅用1艘驳船即可完成以往3艘船舶的作业任务;二是传统整体打捞中,常因为2艘抬浮驳不同步,需额外使用缓冲装置保证提升的安全性,而"奋力"轮则因其是一个刚性整体,内部受力均匀,减少了缓冲装置的使用;三是传统整体打捞方式在完成沉船提升后,需先将其放置在半潜驳上,才能进行运输作业,而"奋力"轮则可怀抱古船直接航行进坞,大大简化了作业步骤,保障了古船安全。

四、时间胶囊重现——再现古船出水历程

2022年11月21日凌晨,长江口水域见证了中国水下考古新的历史性突破,0时40分,经过近5个小时的水下持续提升,22根巨型弧形梁组成的重约8800吨的沉箱装载着长江口二号古船在"奋力"轮中部月池缓缓露出水面,古船桅杆清晰可见,古船时隔150多年重见天日,标志着古船整体打捞工作圆满成功。

(一)攻坚克难推动作业顺利进行

2022年3月2日,长江口二号古船考古与文物保护项目在上海打捞局外高桥码头"威力"轮上正式启动。9月6日,长江口二号古船整体打捞迁移工程主作业船"大力号"到达古船遗址水域,正式启动古船整体打捞海上施工。现场施工团队克服长江口水文条件恶劣影响,潜水员累计下潜892人次,水下作业2230多小时;克服夏秋季节气象不佳影响,施工船组共经历3次台风、8次冷空气袭扰,先后投入"大力号""奋力轮""沪救18""沪救19""华和"等专业打捞船舶,以及辅助工程船舶、甲板驳、交通船约670艘天,现场作业人员达22185人天。

2022年3月2日,长江口二号古船考古与文物保护项目在上海打捞局外高桥码头"威力"轮正式启动

2022 年 7 月 6 日，圆满完成海上预处理，四根定位桩沉桩完成

2022 年 8 月，端板—纵梁组合体框架在上海打捞局横沙基地码头进行组装

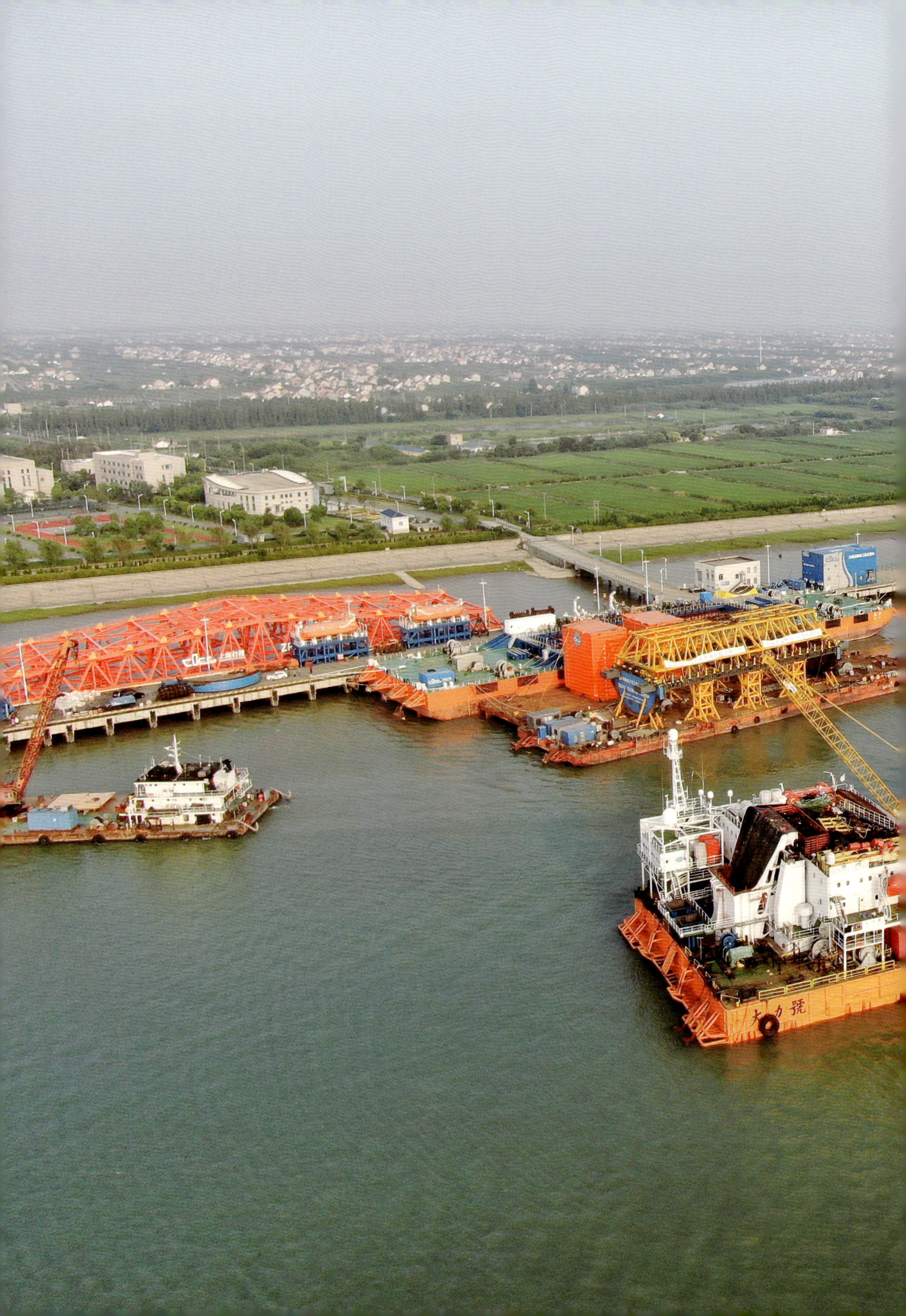

2022年9月6日，"大力号"起航前往古船打捞作业现场，长江口二号古船整体打捞迁移工程海上作业正式开始

2022年9月11日，端板—纵梁组合体成功沉放到位

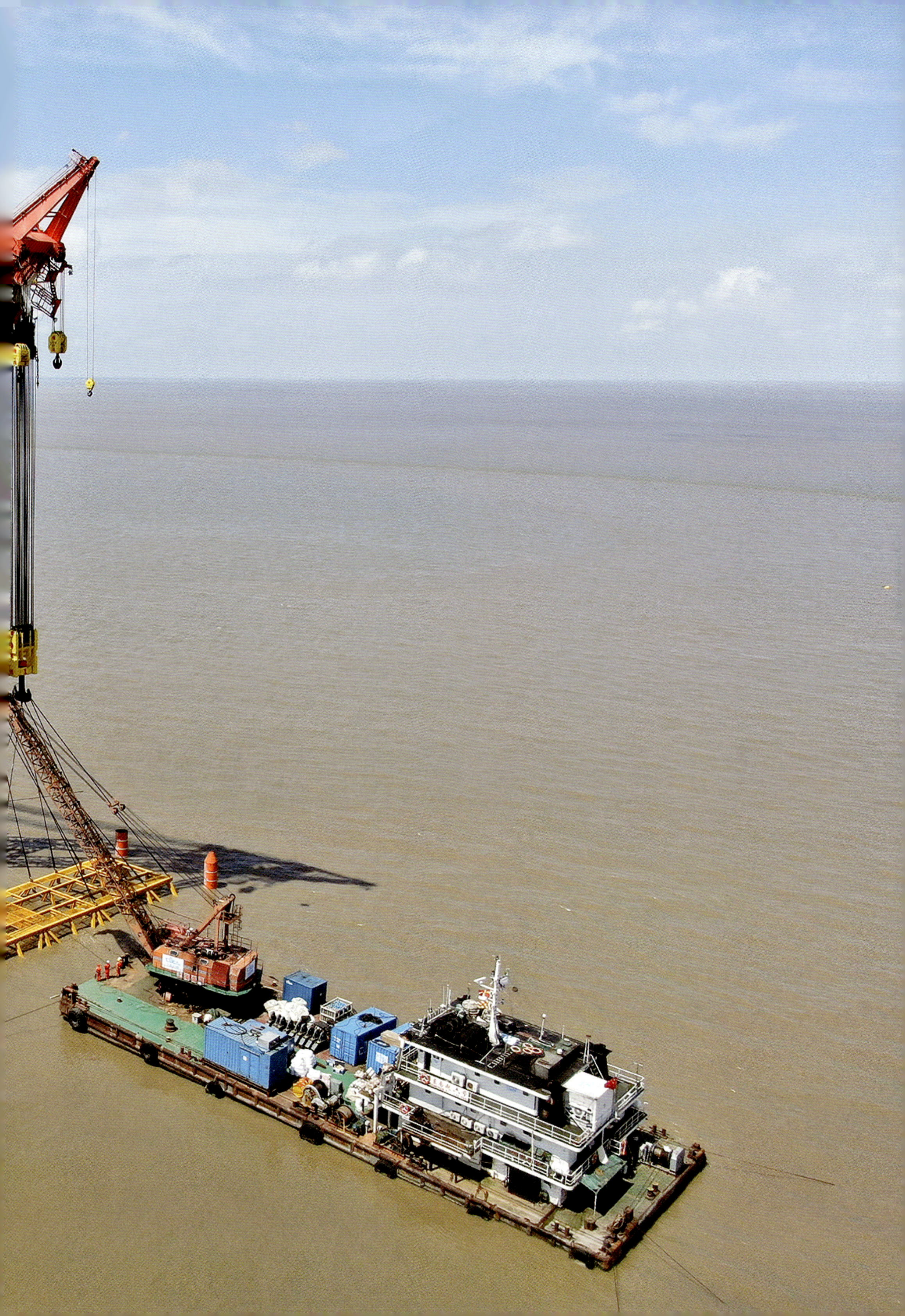

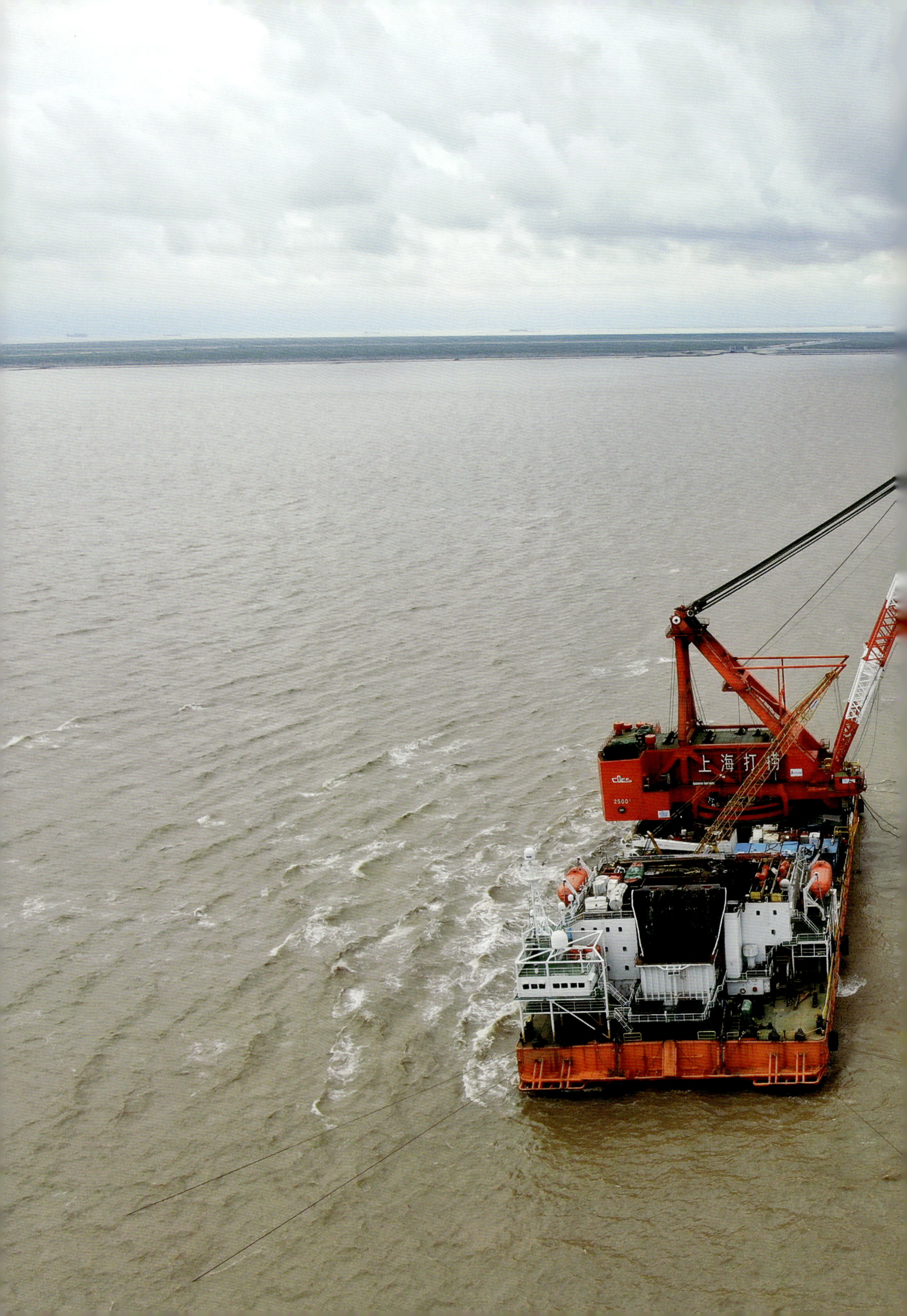
上海打捞
2500t

2022 年 9 月 29 日，第一根弧形梁开始水下穿引

2022年10月13日，发射架装载弧形梁从"大力号"甲板起吊

2022年10月20日，弧形梁进行水下掘进穿引

2022年10月30日，长江口二号古船船坞第一次试开坞门

2022年11月16日，最后一根弧形梁穿引完成

（二）百年记忆重见天日展铅华

2022年11月15日，第22根弧形梁穿引到位，弧形梁穿引工作全部完成，17日，专用工程船"奋力"轮到达古船遗址水域，整体打捞出水进入关键阶段。20日20时，46束共1426根钢绞线将"奋力"轮与怀抱古船弧形梁沉箱连接完成，正式开始提升。21日0时30分，古船桅杆破水而出。凌晨3时30分，"奋力"轮将长51米、宽19米、高9米的22根巨型弧形梁组成的古船沉箱提升到设计位置，总重达8800吨，让沉没150多年的长江口二号古船重见天日。绑扎固定古船沉箱后，"奋力"轮将古船沉箱浮运至上海打捞局横沙基地码头，由专业人员进行了文物临时性保护。

2022年11月17日，"奋力"轮到达打捞施工现场

2022年11月20日,"奋力"轮完成古船提升前准备工作

2022年11月21日0时40分，长江口二号古船桅杆率先露出水面

2022年11月21日凌晨3时30分，长江口二号古船沉箱成功提升到设计位置

"奋力"轮怀抱长江口二号古船

(三)"奋力"轮怀抱古船落座杨浦"新家"

2022年11月24日22时,在拖轮拖带下,"奋力"轮从上海打捞局横沙基地码头解缆起航,怀抱着长江口二号古船浮运进黄浦江,于25日10时55分靠稳上海船厂旧址1号船坞门口,12时

2022年11月25日6时30分,"奋力"轮怀抱古船进入黄浦江

22 分启动进坞，13 时 30 分古船正式进坞，于 14 时整古船沉箱到达马鞍底座正上方，现场进行解绑和古船沉箱下放作业，19 时 18 分古船稳稳坐落于马鞍底座上，平安落座杨浦"新家"。12 月 1 日起，现场工作人员开始"奋力"轮艉部切割及同步提升、焊接固定工作，12 月 19 日，"奋力"轮艉部提升到位并完成焊接固定加强工作，艉部提升部分长 35 米、宽约 20 米、重达 800 吨，整体提升 7 米。2023 年 1 月 7 日中午，长江口二号古船专用打捞工程船"奋力"轮缓缓驶离上海船厂 1 号船坞，标志着由上海市文物局与上海打捞局承担的古船整体打捞迁移工程主体工程至此圆满结束。

2022 年 11 月 25 日 9 时 30 分，"奋力"轮怀抱古船经过杨浦大桥

2022年11月25日13时30分,"奋力"轮怀抱古船正式进入船坞

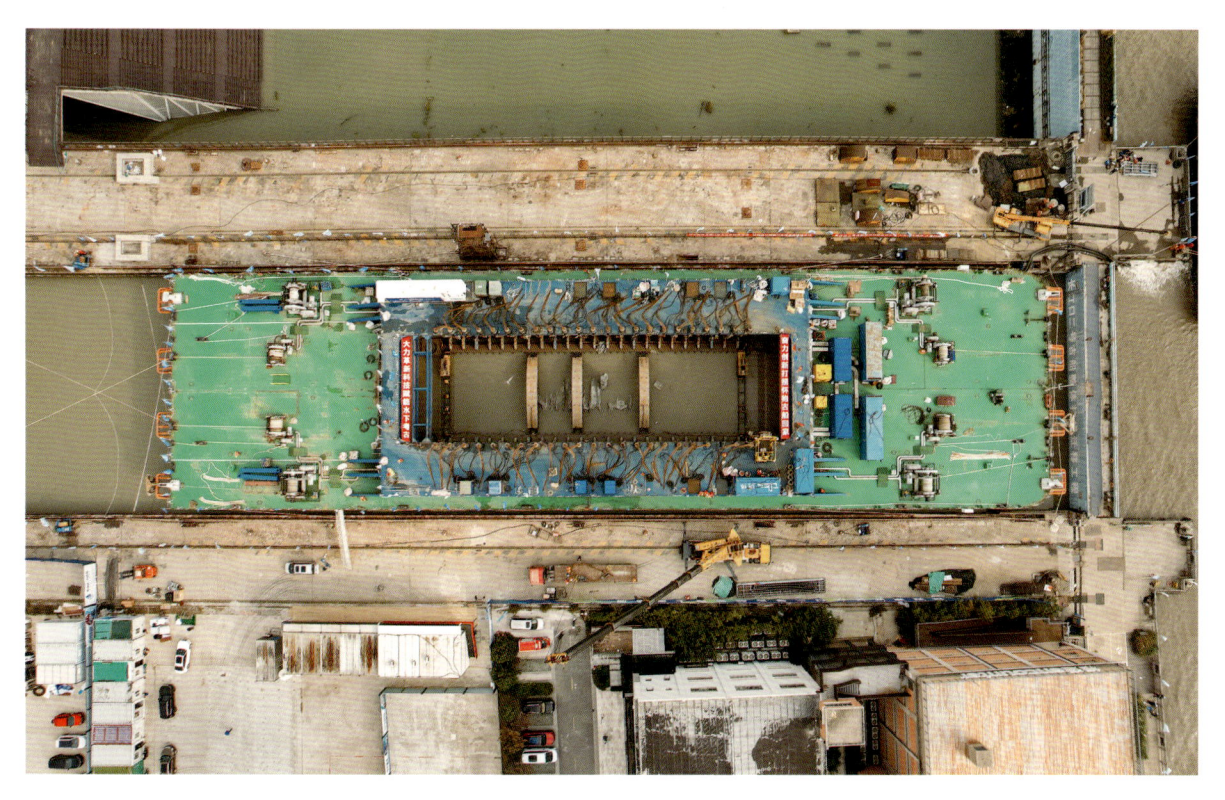

2022年11月25日19时18分,古船平稳落座船坞马鞍底座

2022年12月19日,"奋力"轮艉部完成切割提升

2023年1月7日，"奋力"轮缓缓驶离船坞，长江口二号古船整体打捞迁移工程圆满结束

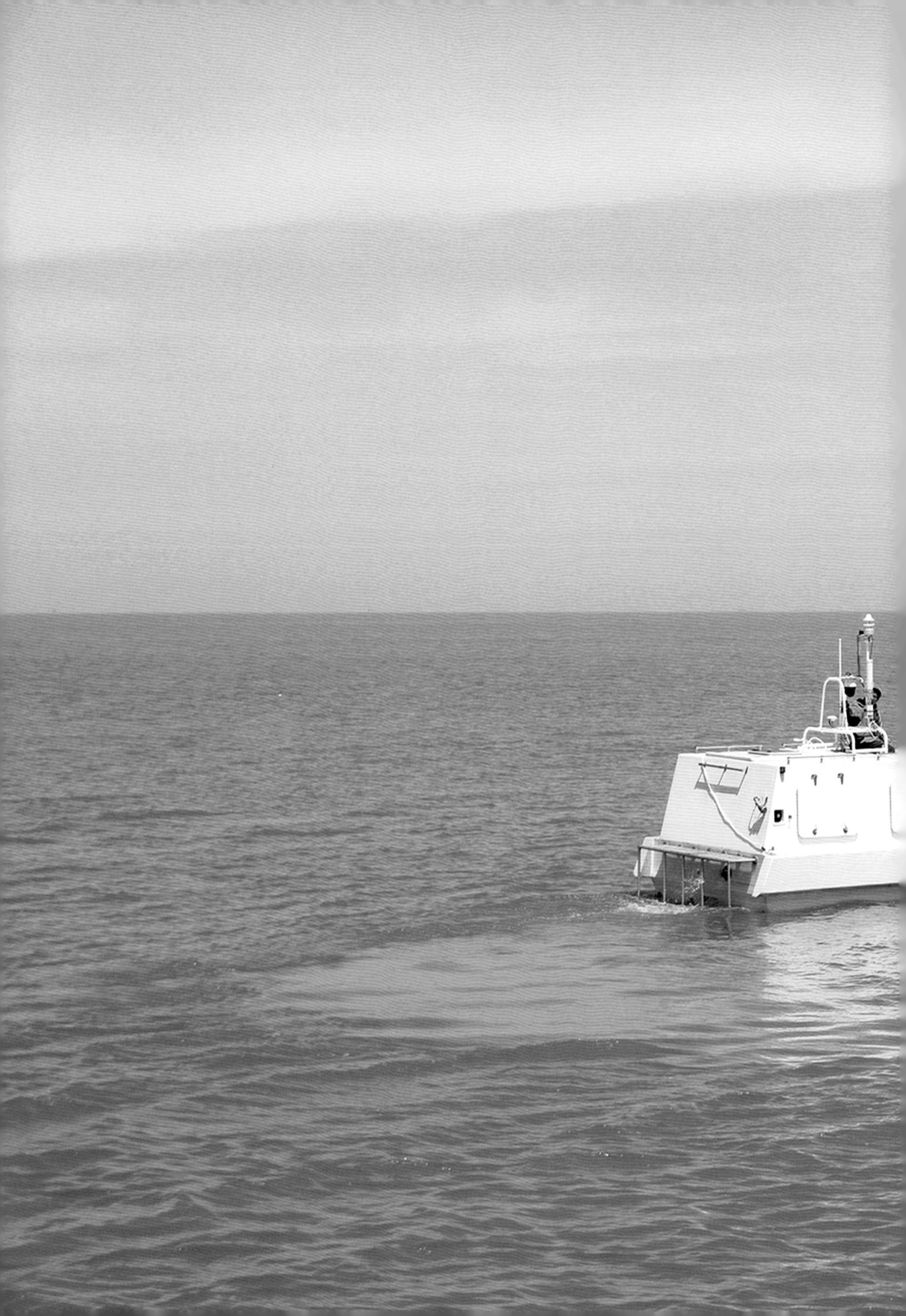

下篇

长江口二号古船出水陶瓷选粹

目前已采集出水的陶瓷器共 597 件：以景德镇窑瓷器为主，釉色品种有青花、冬青釉、冬青地堆白青花、窑变釉、吹绿釉和粉彩等，此外还有宜兴窑刻诗文紫砂壶与酱釉罐，以及越南合礼窑淡青釉水烟罐等；器类有碗、盖碗、盘、碟、杯、盖盒、盖罐、双耳瓶等；纹饰有梵文、囍字纹、缠枝花卉纹、灵芝纹、莲池纹、花篮纹、团龙纹、四季花卉纹等。出水的冬青地堆白青花松下高

士图双耳瓶，高达 60 厘米，系目前出水瓷器中体量最大的一件；粉彩瓷器多饰精致的花卉纹，如四君子图、缠枝牡丹纹、四季花卉纹与桃兰纹等；吹绿釉杯的口沿涂一圈金彩，外底以矾红彩书"同治年制"四字篆书款，为沉船年代的确定提供了重要依据。

出水陶瓷器（部分）

景德镇窑青花梵文折腹碗

口径17.2厘米，底径6.6厘米，高7.4厘米

圆唇，敞口，双层腹，上层较直，下层略曲，圈足，粘沙。青花装饰，外壁书写四层梵文，内底双圈内书写一较大的梵文。

明代御窑瓷器中不乏通体书写梵文的器物，不过此类器物上的梵文多有讹误，至晚明尤甚。同时期民窑受御窑影响，亦大量仿烧此式器物，不过其梵文书写更为拙劣，普遍如鬼画桃符一般。至清代，民窑瓷器上的梵文书写日趋程式化，种子字已然无法辨别，失去了含义，彻底沦为一种纹饰。

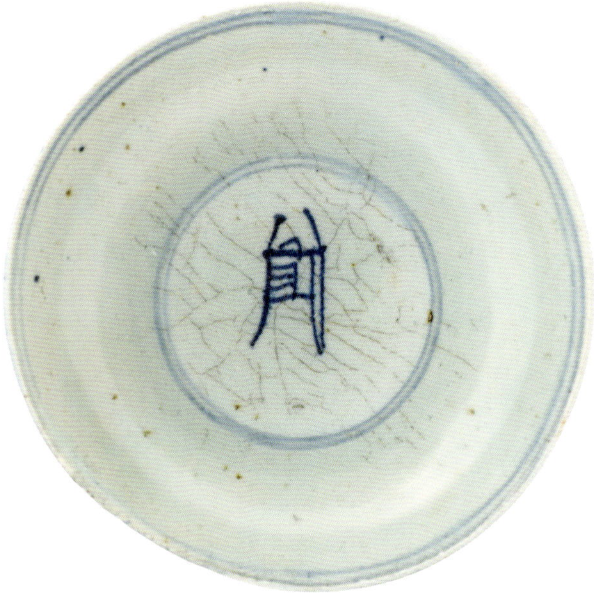

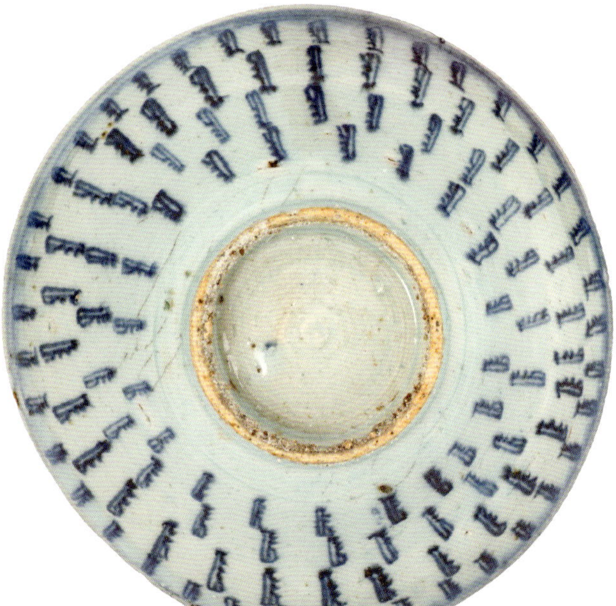

景德镇窑青花缠枝莲纹桌器（一组四件）

　　大碗与小碗，均圆唇，口微侈，深曲腹，圈足。青花装饰，外壁绘三朵莲花，其间填缠枝纹，外底绘一花押款。

　　大碟与小碟，均圆唇，敞口，斜直腹，圈足。青花装饰，外壁绘三组弧线纹，内壁外侧绘三朵莲花，其间填缠枝纹，中心绘一朵莲花，外底绘一花押款。

　　长江口二号古船目前出水的此类青花缠枝莲纹器颇多，其中尤以一类直径在 10.5 厘米左右的小碟最为多见，仅 2018 年出水者便达百余件。此批器物普遍存在胎体厚薄不一、口沿局部漏釉、不平，乃至器底窑裂等弊病，说明这是一类规模化生产、拣选不甚严格的普通民间用瓷。

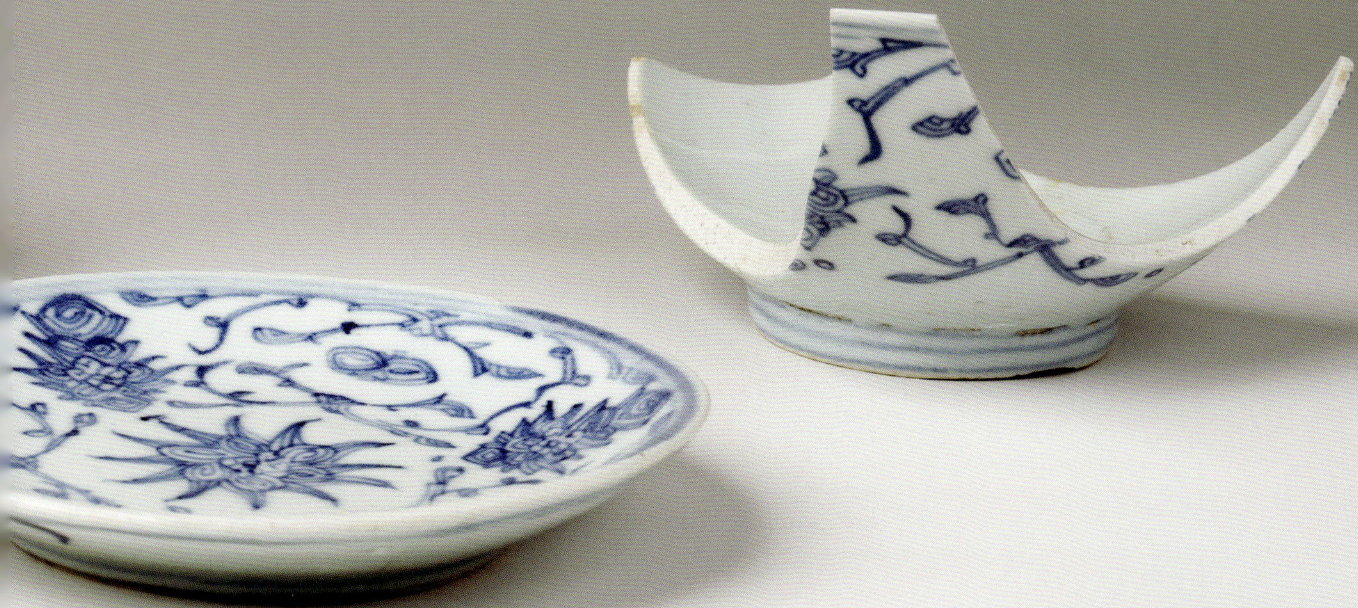

青花缠枝莲纹碗（小）

口径 13.5 厘米，底径 5.2 厘米，高 6.6 厘米

· 67 ·

青花缠枝莲纹碟（大）

口径 14.8 厘米，底径 8.4 厘米，高 2.5 厘米

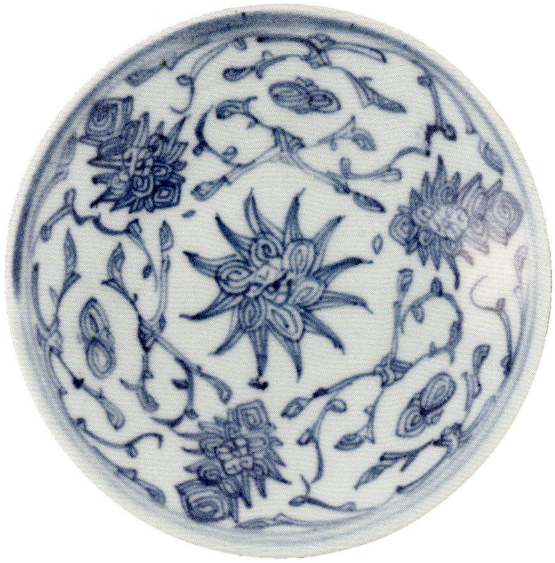

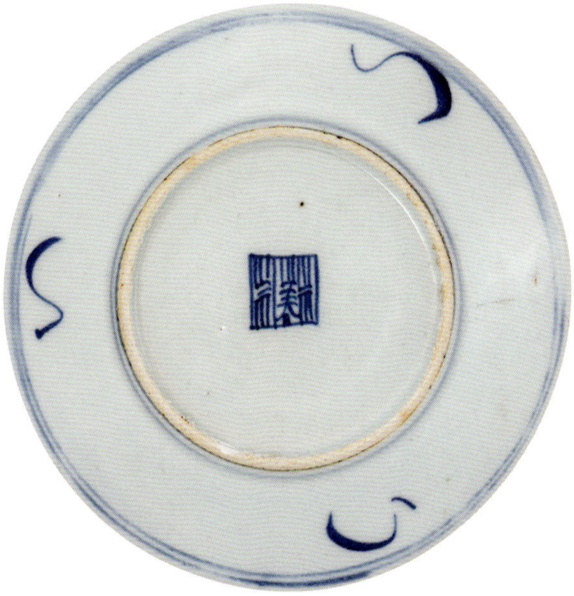

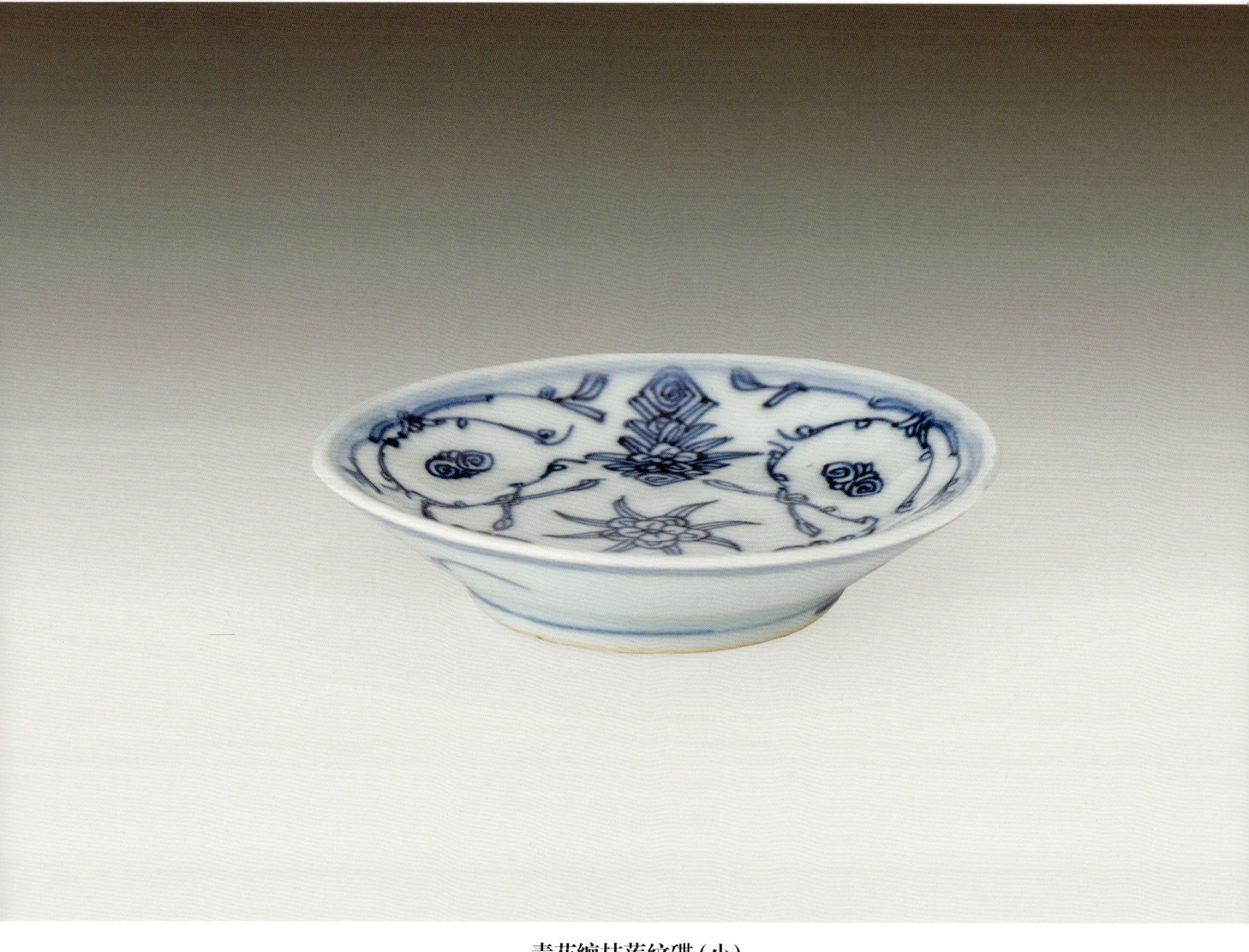

青花缠枝莲纹碟(小)

口径 10.9 厘米, 底径 5.9 厘米, 高 2.5 厘米

· 71 ·

景德镇窑青花花篮纹盘

口径 18.1 厘米，底径 11 厘米，高 2.7 厘米

圆唇，敞口，斜直腹，圈足。青花装饰，宽沿处以青料涂抹蓝色一圈，内底中心绘一提梁花篮，外底绘一花押款。

花篮纹系一种明清两代景德镇窑的传统纹饰，明代瓷器中以一类器底书写"大明天启年制"底款的折沿洗最为著名。至清代，此类纹饰愈发流行，康熙时期一类通常用于外销的五彩盘上亦时有绘制。至清代中晚期，德化窑也开始大量烧造此类器物，泰兴号沉船便有出水，不过制作上远较景德镇窑的产品粗率。

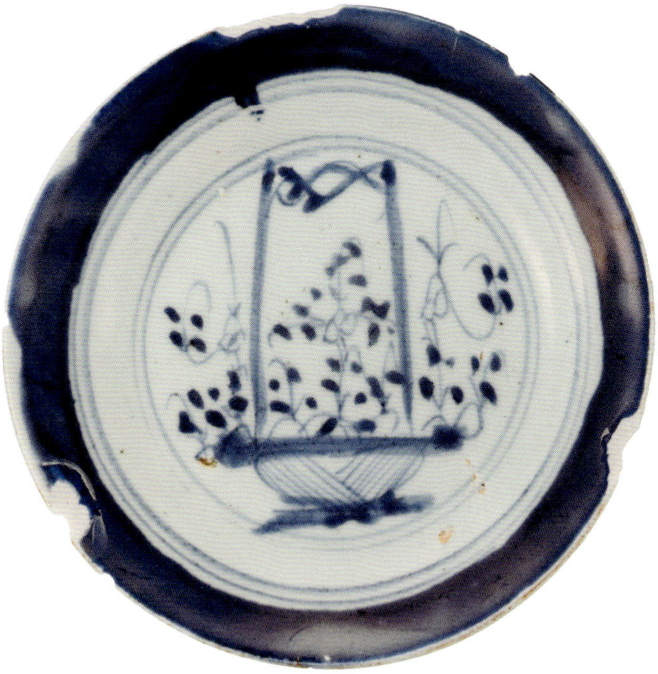

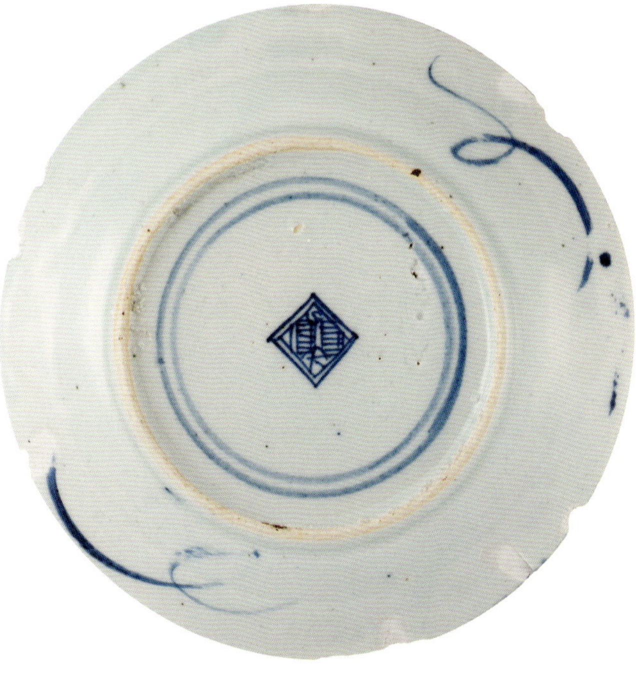

景德镇窑青花灵芝纹杯

口径 4 厘米，底径 2 厘米，高 2 厘米

圆唇，敞口，斜直腹，隐圈足。青花装饰，外壁绘上下两层花瓣形开光，内填变体灵芝纹，内底双圈内绘一"土"字形纹饰。

此类器物于景德镇民间习称"渣胎器"，自清代中晚期至建国后均有烧造。其纹饰由于过分潦草，往往不易识别。近人将其纹饰画法概括为"四大、八小、一笔水"。其实，此式器物之原型系一种明代宣德年间创烧的青花灵芝纹双耳杯，清代雍正时期的景德镇御窑厂亦有烧造。

· 75 ·

· 76 ·

77

景德镇窑青花彩结囍字纹盖

口径 10.4 厘米，底径 3.8 厘米，高 5.9 厘米

圈足式钮，弧壁，母口。青花装饰，外壁上部绘一圈莲瓣纹；中部主体部分绘彩结与囍字，二者间填重环纹；下部以青花作蓝地留白技法绘一圈忍冬纹。

囍字纹是一种晚清民窑瓷器上颇为常见的吉祥纹饰，甚至在同一时期的景德镇御窑瓷器上也有大量运用。此式囍字纹系在囍字周围绕以缠枝，构成了"喜事连连"的寓意。

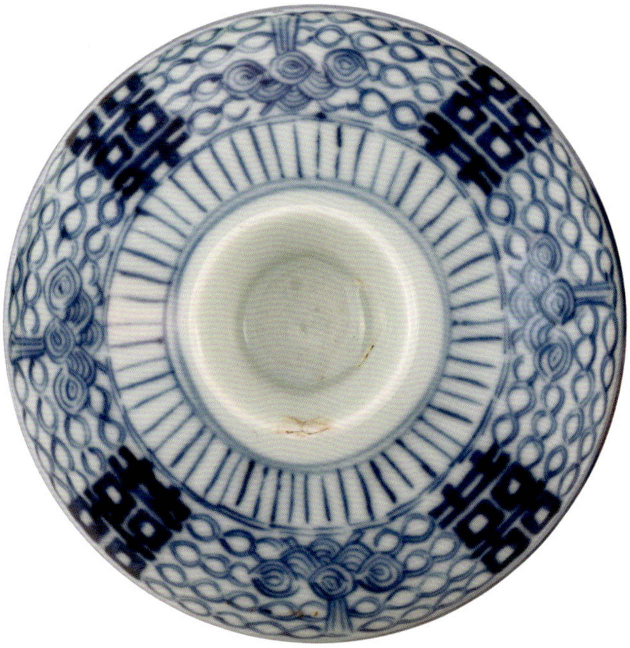

景德镇窑青花八破图盖

口径 12.8 厘米，底径 4.4 厘米，高 6.8 厘米

圈足式钮，弧壁，母口。青花装饰，外壁从左到右分别绘书写"下有□""培德堂""孟子，也无""善有善报，恶有恶报，若□""三思堂""三里，三更"的纸片，"二筒""三筒""二万"的麻将牌，以及"包（炮）""帅""兵""马""仕""将""卒"的象棋子。

"八破图"是一种流行于晚清民国的纹饰题材，主要通过金石古董拓片、旧书散页、书画书札残片组合堆叠构成画面，反映了19世纪民间受金石学影响形成的好古风气，以及商贾市井小民附庸风雅的心理。其中"八"是虚词，含有多、富、发等多重含义，"破"虽然指残破之物，但同时也隐喻了"破家值万贯""岁破吉生"的寓意。

善有善報
惡有惡報

· 82 ·

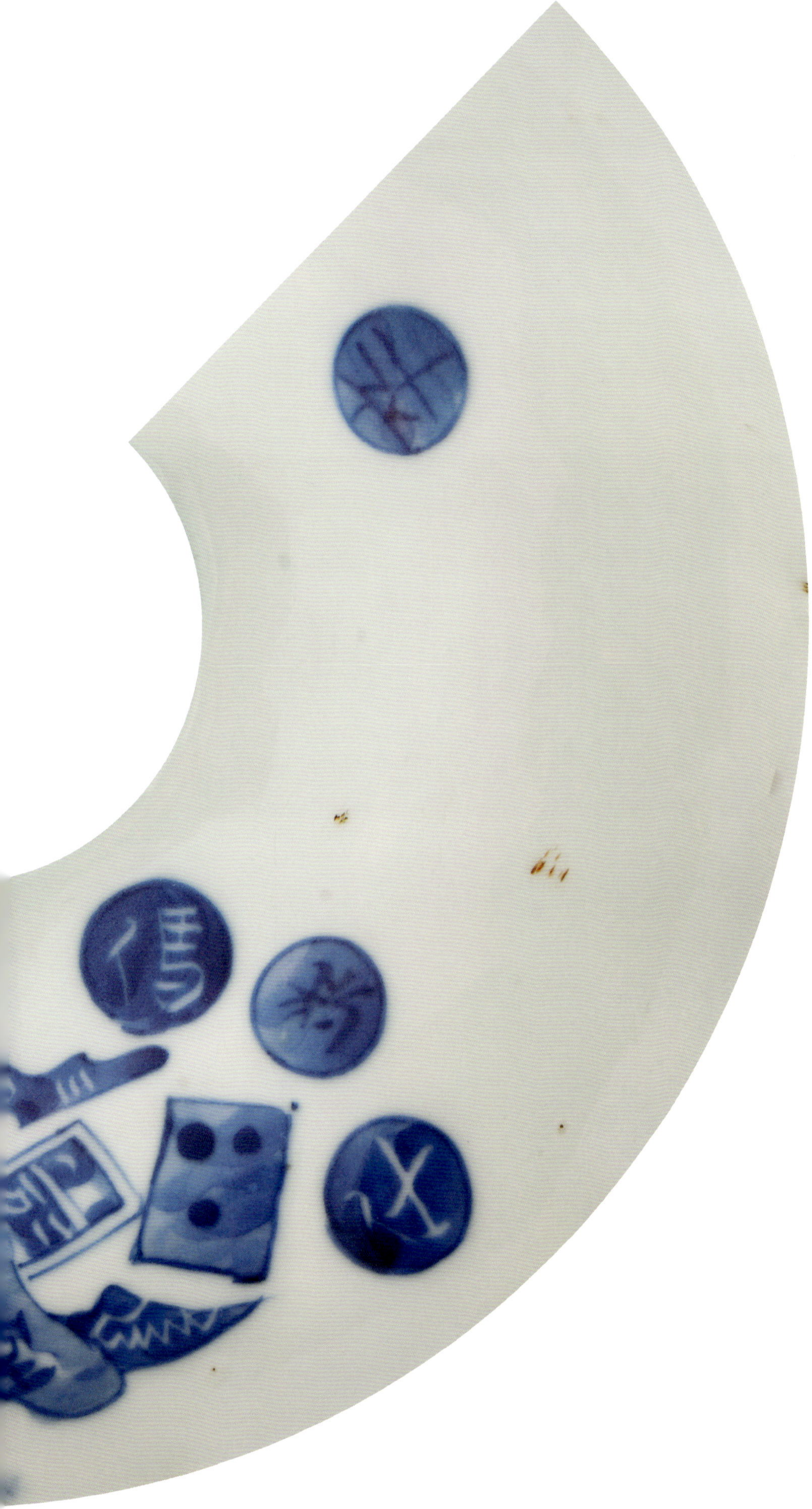

景德镇窑青花李青莲图盖

口径 11 厘米，底径 4 厘米，高 5.7 厘米

圈足式钮，弧壁，母口。青花装饰，外壁绘李白作卧姿，四周置有磬、书、瓶、灯等物。

李白，字太白，号青莲居士，又号谪仙人，系唐代著名诗人。此器所绘李青莲图借鉴了明末清初文人金古良作《无双谱》。金古良于书中不仅绘制了李白的画像，还为其作诗评《谪仙靴》："高力士，内给事，衣绯走深宫，王公贵戚呼为翁。宇文融，杨国忠，禄山林甫之穷凶。谁不结欢求包容，独有太白眼直视，醉赋清平对妃子。葡萄亲酹领新歌，咄尔力士来脱靴。眼中之人原不多，终身不官奈白何。"营造出李白不畏权贵、纵情诗酒的形象。

· 85 ·

· 86 ·

· 87 ·

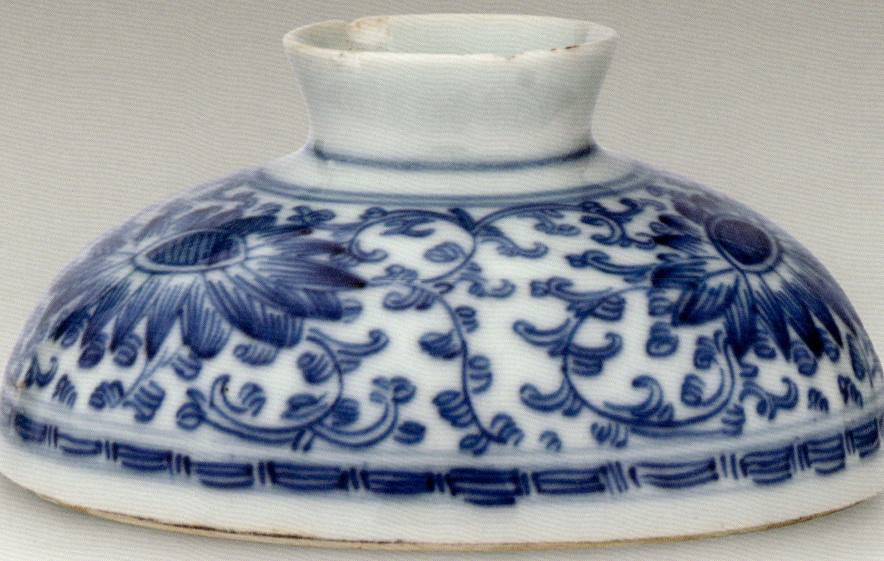

景德镇窑青花缠枝菊纹盖

口径 10.6 厘米，底径 3.9 厘米，高 5.2 厘米

圈足式钮，弧壁，母口。青花装饰，外壁主体部分绘一圈缠枝菊纹，其下绘一圈较窄的回纹。

菊花因在九月开放，故有"九月菊"之称。《西京杂记》谓"九月九日，佩茱萸，食蓬饵，饮菊花酒，令人长寿"，可见时人普遍相信菊花有延年益寿的功效，故而深受老百姓的喜爱。唐代王勃云："九日重阳节，开门有菊花。"正是因为民间社会对于菊花的普遍喜好，使得菊花纹成为一种历代瓷器都流行装饰的纹饰题材。

景德镇窑青花渔樵耕读图杯

口径 8 厘米，底径 4 厘米，高 6 厘米

圆唇，敞口，深曲腹，圈足。青花装饰，外壁绘四人，其中两人形象完整，分别作负犁牵牛状与读书状；剩余两人分别缺失上身与下身，一人作持竿状，另一人形象不可辨，外底绘一花押款。

渔樵耕读系渔夫、樵夫、农夫与书生四类人群之合称，并且四者皆有原型。其中，"渔"系指东汉严子陵，其与东汉光武帝少时同游学，东汉建立后，隐居于桐庐富春江畔，每日垂钓，屡征不就；"樵"系指西汉朱买臣，其"家贫，好读书，不治产业，常艾薪樵，卖以给食，担束薪，行且诵书"，后为汉武帝所用，位列九卿；"耕"系指五帝之舜，《史记》载"舜耕历山，历山之人皆让畔"；"读"系指战国苏秦，其"读书欲睡，引锥自刺其股，血流至足"，即如今所谓"苏秦刺股"。

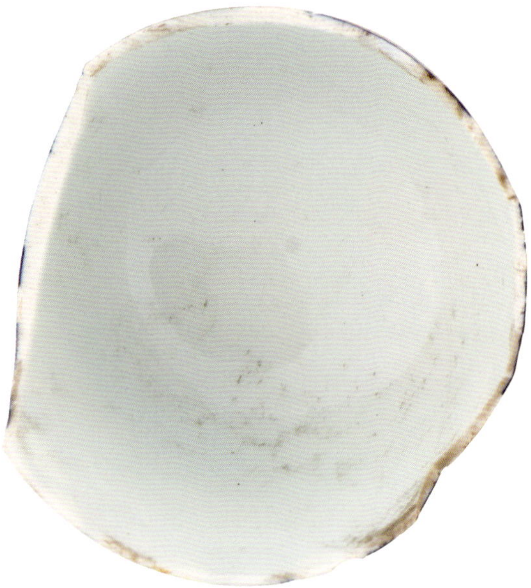

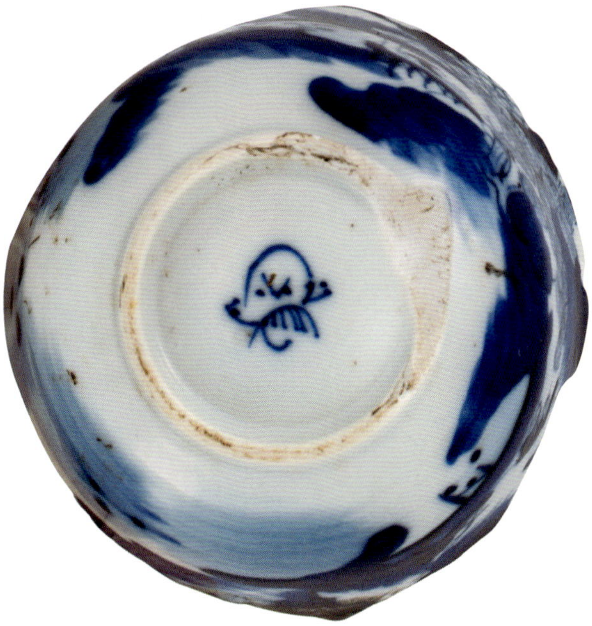

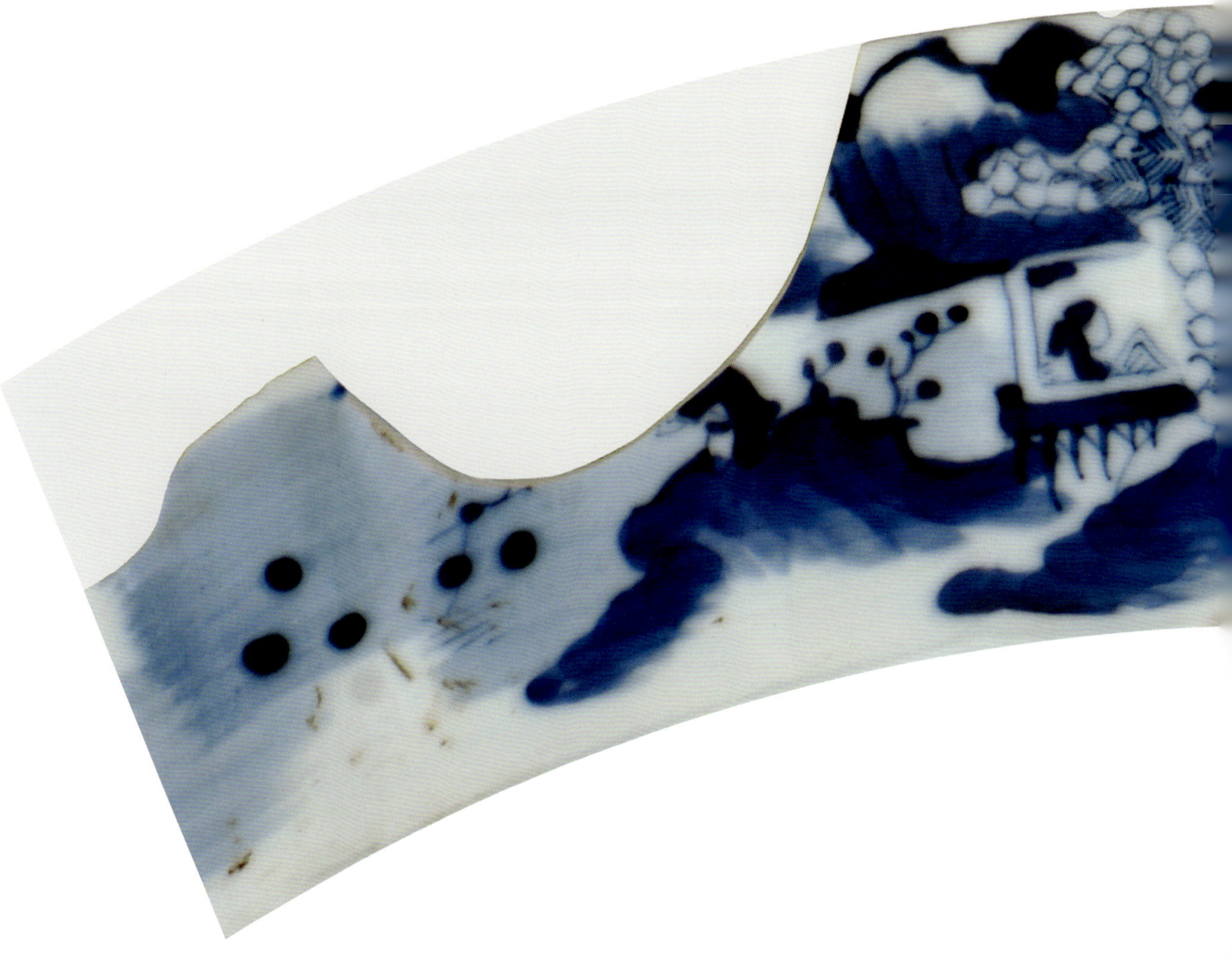

· 93 ·

景德镇窑青花团龙纹桌器（一组三件）

碗与杯，均圆唇，敞口，深曲腹，圈足。青花装饰，外壁绘四组四爪团龙，团龙四周绘火焰纹，外底绘一花押款。

盖，圈足式钮，弧壁，圆唇。青花装饰，圈足式钮内绘一花押款，外壁绘四组四爪团龙，团龙四周绘火焰纹。

青花团龙纹碗

口径 9.6 厘米，底径 4.4 厘米，高 6 厘米

青花团龙纹盖

口径 9.2 厘米,底径 3.9 厘米,高 3.2 厘米

· 97 ·

青花团龙纹杯

口径 8.2 厘米,底径 3.8 厘米,高 5.9 厘米

· 99 ·

· 100 ·

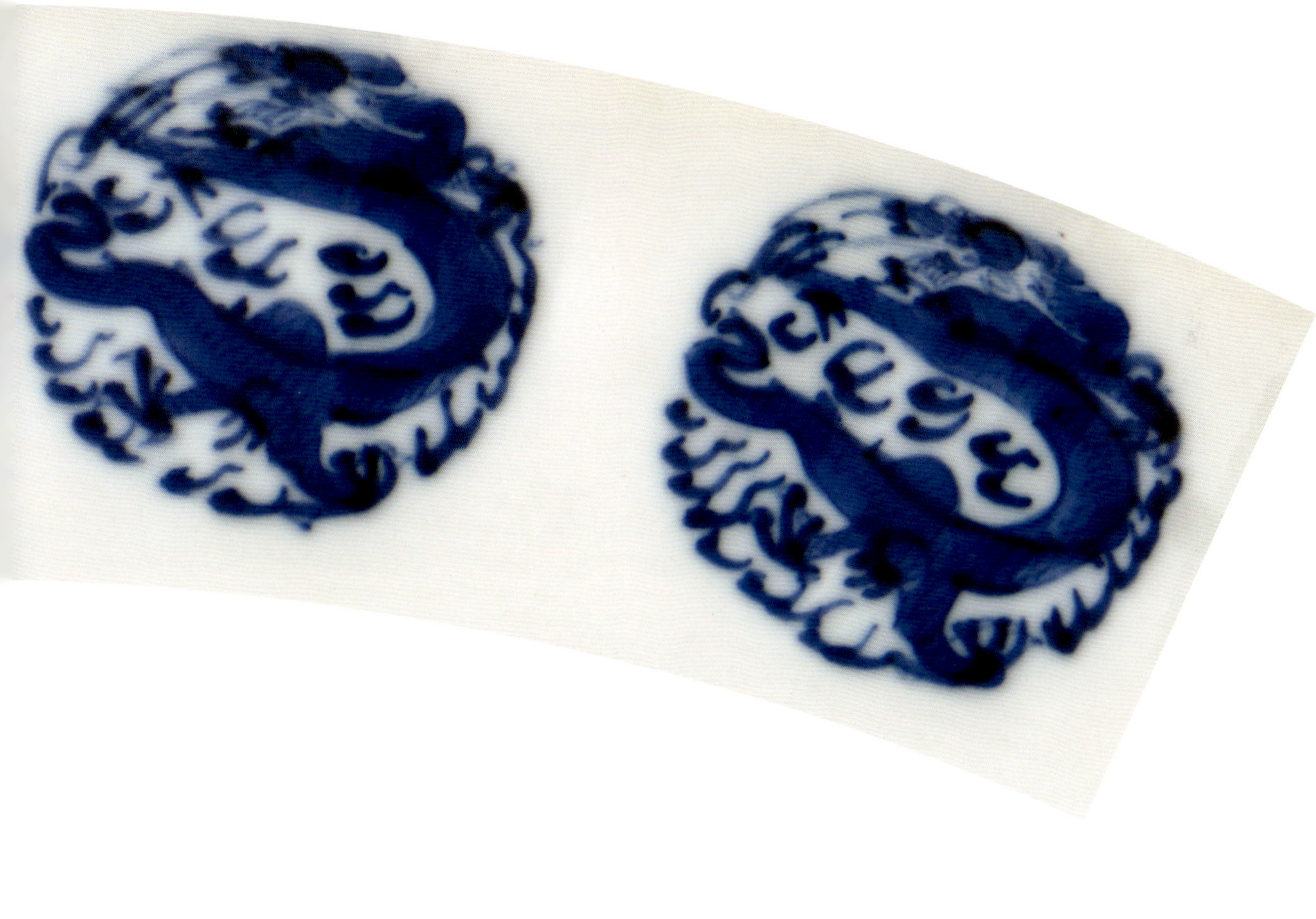

长江口二号古船目前出水的青花团龙纹杯共计50件，均出土于1件冬青地堆白青花松下高士图双耳瓶中。其摆放方式颇值得注意，其中有5件杯竖直状成摞置于瓶颈部，另有5件杯水平状成摞置于瓶肩部，剩余40件分4摞，每摞10件竖直状置于瓶底部。考古人员在提取瓷杯时发现杯与杯之间均以一层稻谷相隔，稻谷起到了防震的作用。

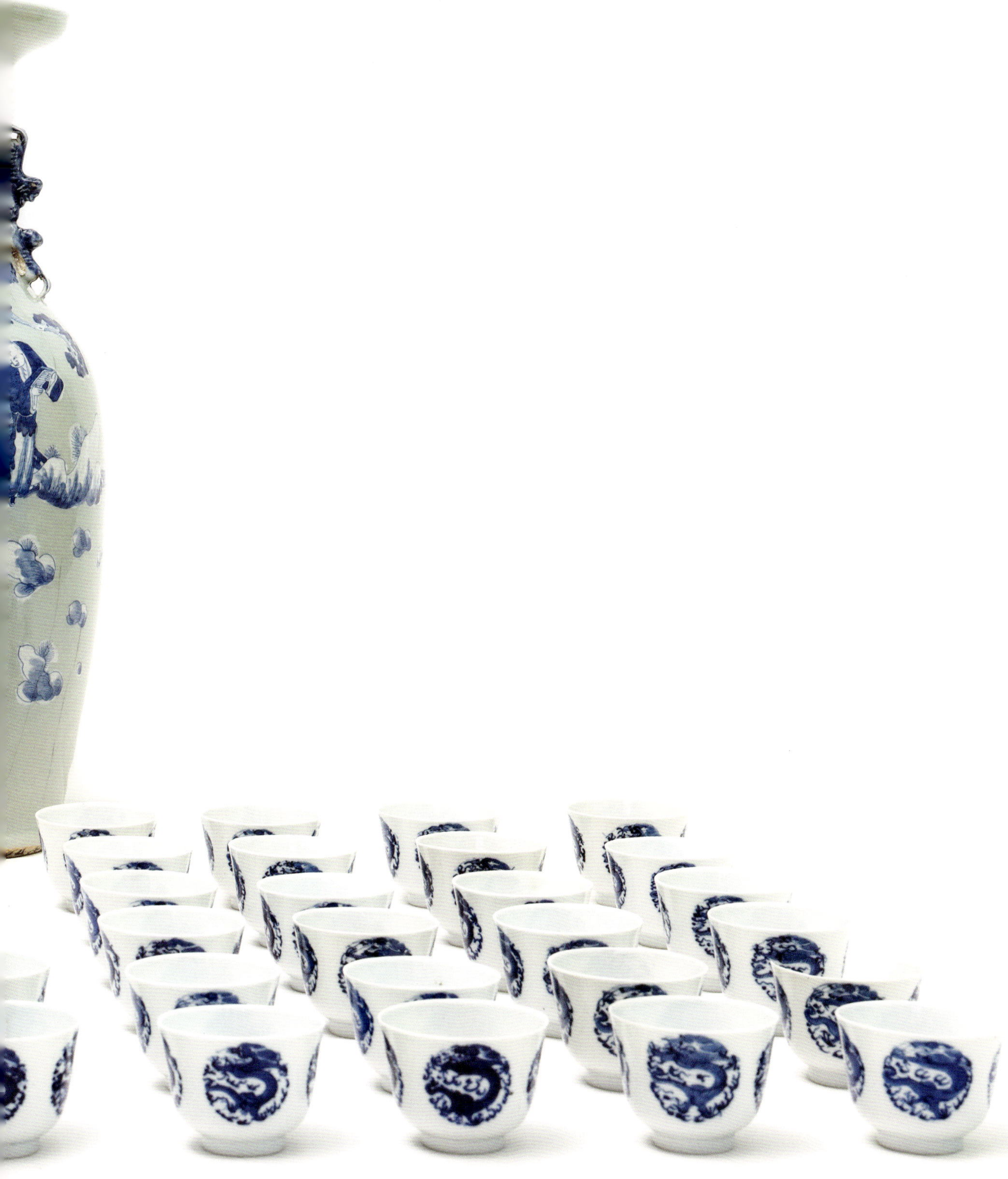

· 104 ·

景德镇窑冬青地堆白青花松下高士图双耳瓶

口径 21 厘米，底径 20 厘米，高 60 厘米

盘口，束颈，颈部两侧各贴两只狮子，溜肩，深直腹，圈足。通体施冬青釉，胎体以堆白技法表现纹饰，其上以青花绘画，腹部中心饰一老者坐于松树之下持书授业，五名童子听其讲道，四周洞石林立。

此式双耳瓶流行于晚清民国时期，因其多用于陪嫁妆奁，故俗称"嫁妆瓶"。此类器物通常依据尺寸，分为三百件、一百五十件、一百件与五十件等，这里所谓的"件"是一种景德镇特有的瓷器高度参考标准。此器高 60 厘米，系标准的三百件大瓶，属当时烧造同类产品中的体型较大者。

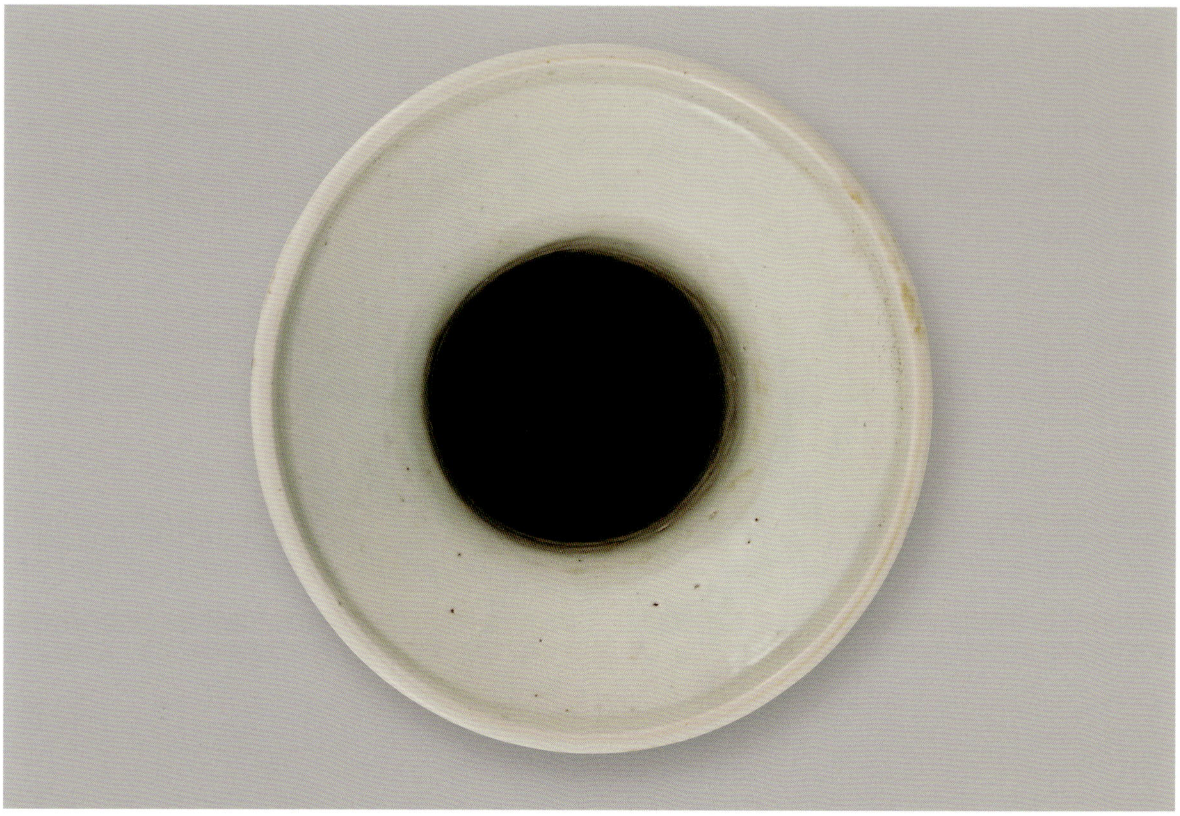

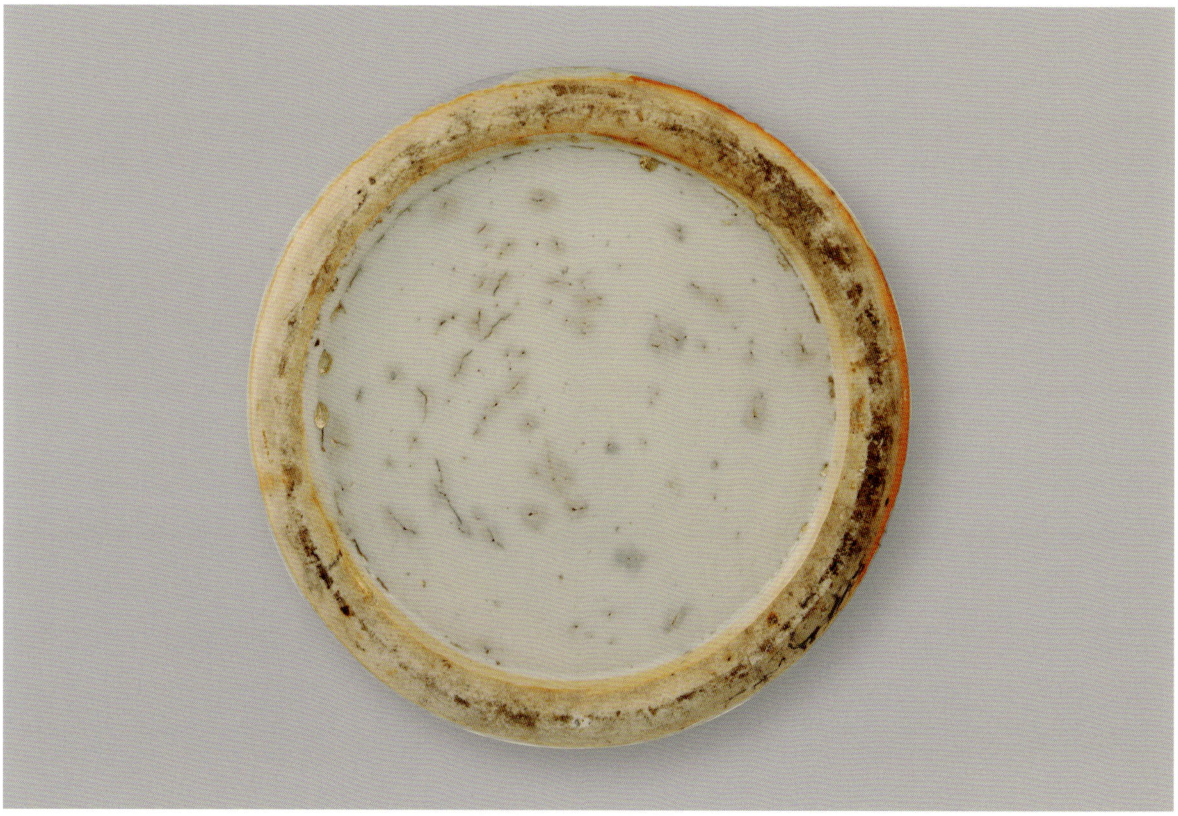

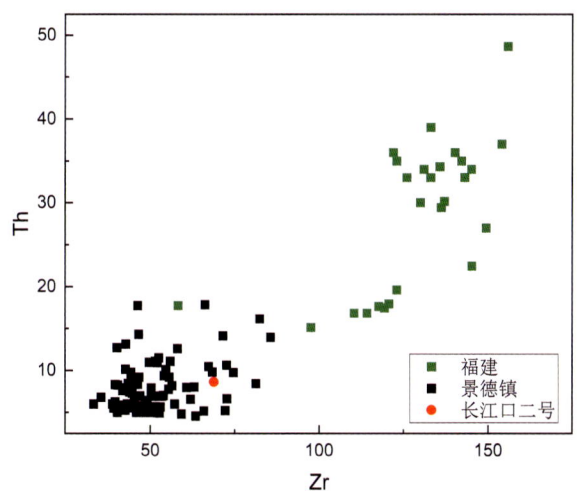

复旦大学科技考古研究院对双耳瓶中的沉积物环境 DNA 进行了研究。通过对沉积物进行 DNA 提取、文库构建、高通量测序及生物信息学分析，初步注释到禾本科、十字花科、蚊科、鲟科等。此外，用测序得到的水稻序列构建系统发生进化树，基于此系统发生进化树，长江口二号古船中得到的水稻序列与籼稻在同一系统发生进化分支上，因此可判断长江口二号古船出土的稻壳品种为籼稻。

为进一步确定双耳瓶的产地，北京大学考古文博学院科技考古实验室用便携式 X 射线荧光光谱仪对其瓷釉进行了微量元素检测，微量元素可以作为产地溯源的指标。基于现有的古陶瓷数据库，将所测得的双耳瓶数据与已采集入数据库中的景德镇窑明清青花瓷数据、福建各窑口青花瓷数据进行了比对，对三地瓷釉数据进行主成分分析，并制作 Zr/Th 二元散点图进一步分析，可见这件双耳瓶的釉层成分数据落入景德镇窑生产青花瓷釉的范围内，与福建窑口生产的具有明显差别。由此判断，此件冬青地堆白青花松下高士图双耳瓶确由景德镇窑生产。

景德镇窑粉彩桃兰纹桌器（一组三件）

碗与杯，均圆唇，敞口，深曲腹，圈足。粉彩装饰，口沿处涂一圈金彩，外壁以粉彩绘两组桃花与兰花，外底以矾红彩绘一花押款。

盖，圈足式钮，弧壁，圆唇。粉彩装饰，圈足式钮内以矾红彩绘一花押款，外壁以粉彩绘两组桃花与兰花。

将桃花与兰花组合装饰，于历代瓷器中罕见。桃花是一种青春、美丽女性和生命的象征，《诗经》中的《周南·桃夭》一诗是中国文学中以桃花歌咏美人的开端。而兰花则迟至中晚唐，才开始出现于古人的诗赋中。入宋以后，兰花优美的外形、清幽的香气以及超凡脱俗的气质神韵，得到了文人雅士的普遍欣赏，逐渐成为一种常见花卉纹饰。

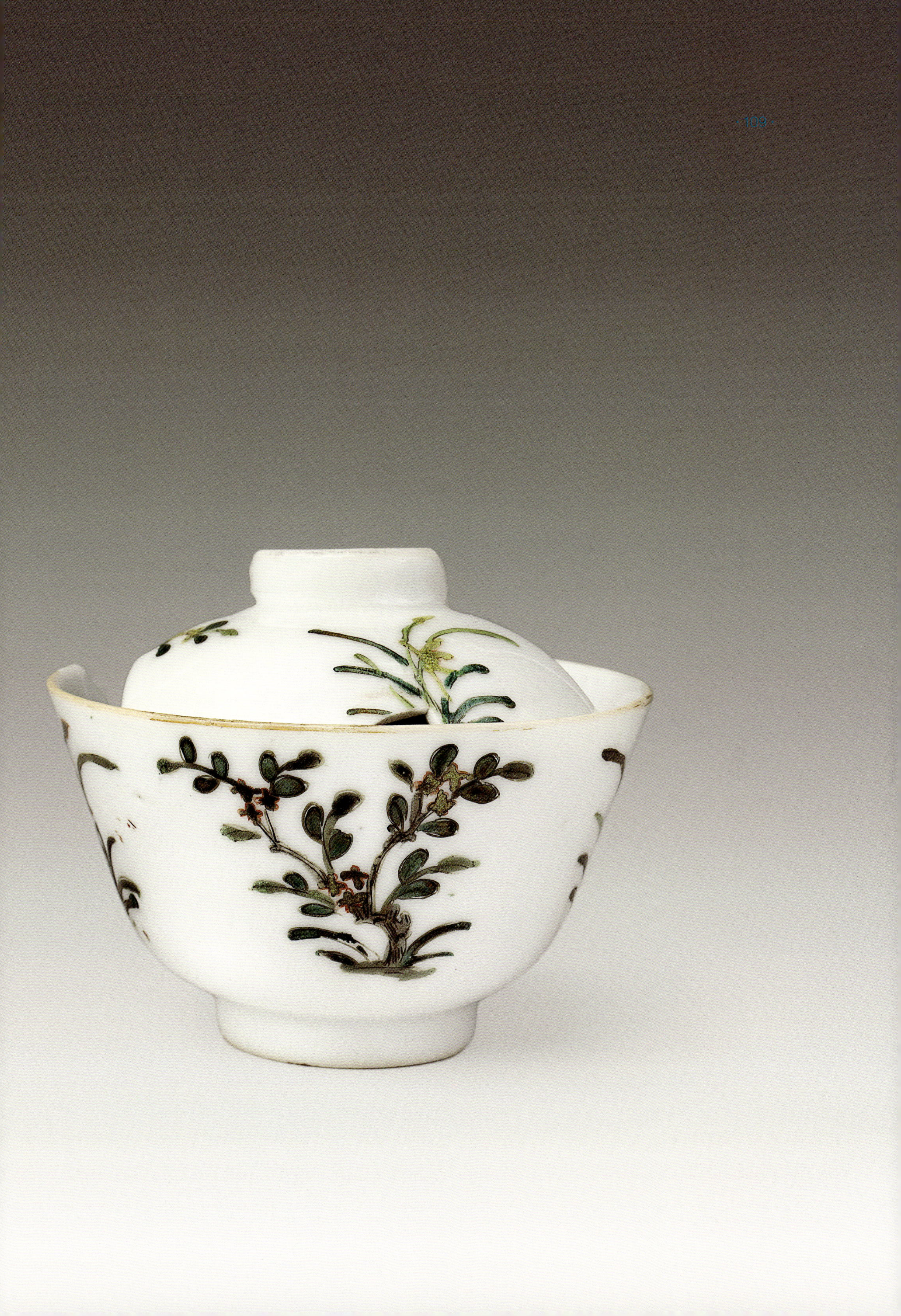

粉彩桃兰纹碗

口径 10 厘米，底径 4.3 厘米，高 5.8 厘米

· 111 ·

粉彩桃兰纹盖

口径 9.2 厘米,底径 4.2 厘米,高 3.1 厘米

粉彩桃兰纹杯

口径 8.2 厘米，底径 3.9 厘米，高 6 厘米

· 115 ·

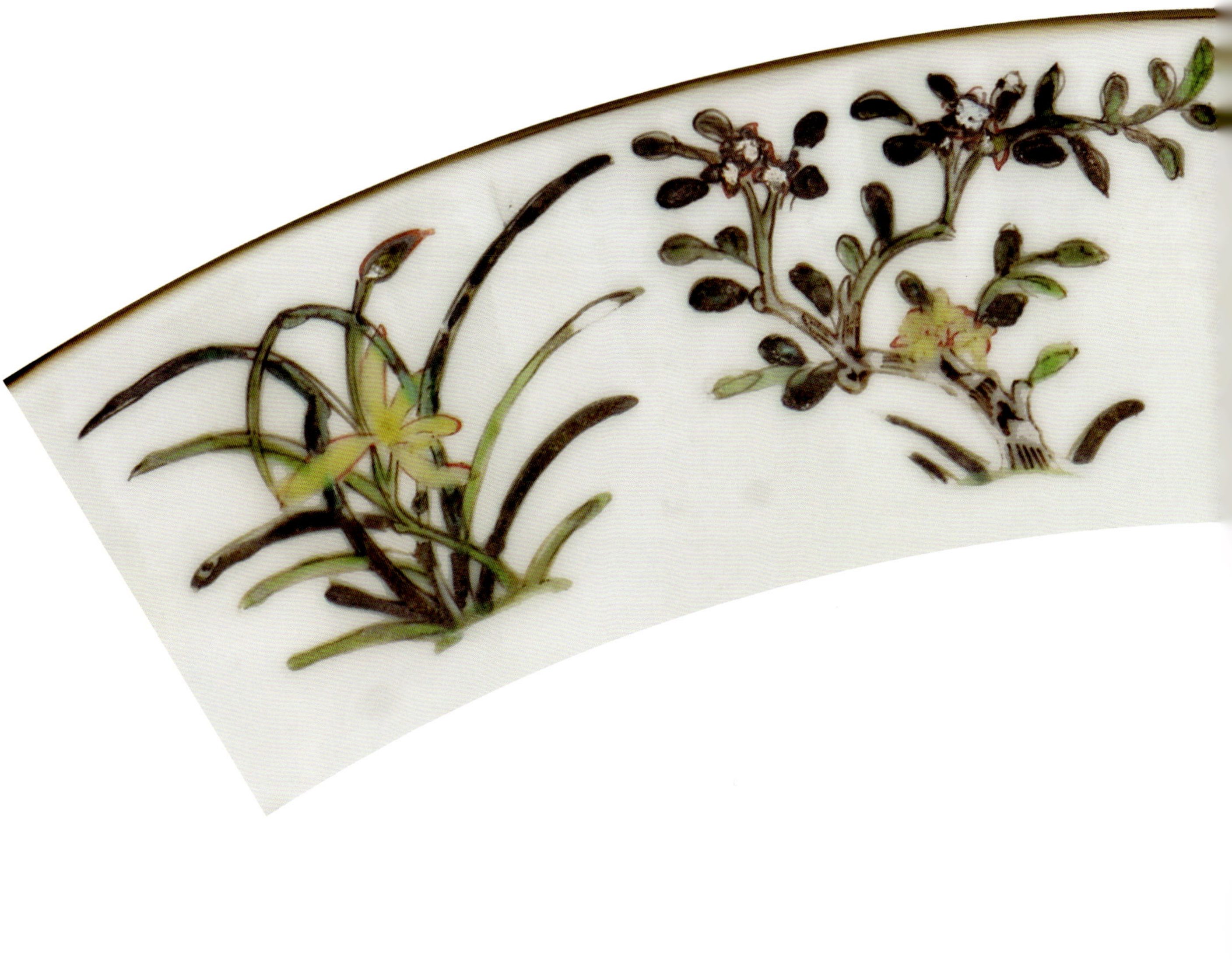

· 117 ·

景德镇窑粉彩四君子图桌器（一组两件）

碗与杯，均圆唇，敞口，深曲腹，圈足。粉彩装饰，口沿处涂一圈金彩，外壁以粉彩绘折枝梅、兰、竹、菊纹，外底以矾红彩绘一花押款。

"四君子"是指梅、兰、竹、菊四种植物，分别象征了傲、幽、坚、淡四种品质，是瓷器上常见的装饰题材。明代万历年间，集雅斋主人黄凤池辑《梅竹兰菊四谱》，其在小引中写道："文房清供，独取梅、竹、兰、菊四君者，无他，则以其幽芳逸致，偏能涤人之秽肠而澄莹其神骨。"陈继儒题称"四君"。至清代，随着《芥子园画谱》专列梅、兰、竹、菊四谱刊行于世，四君子之说逐渐定型并深入人心。

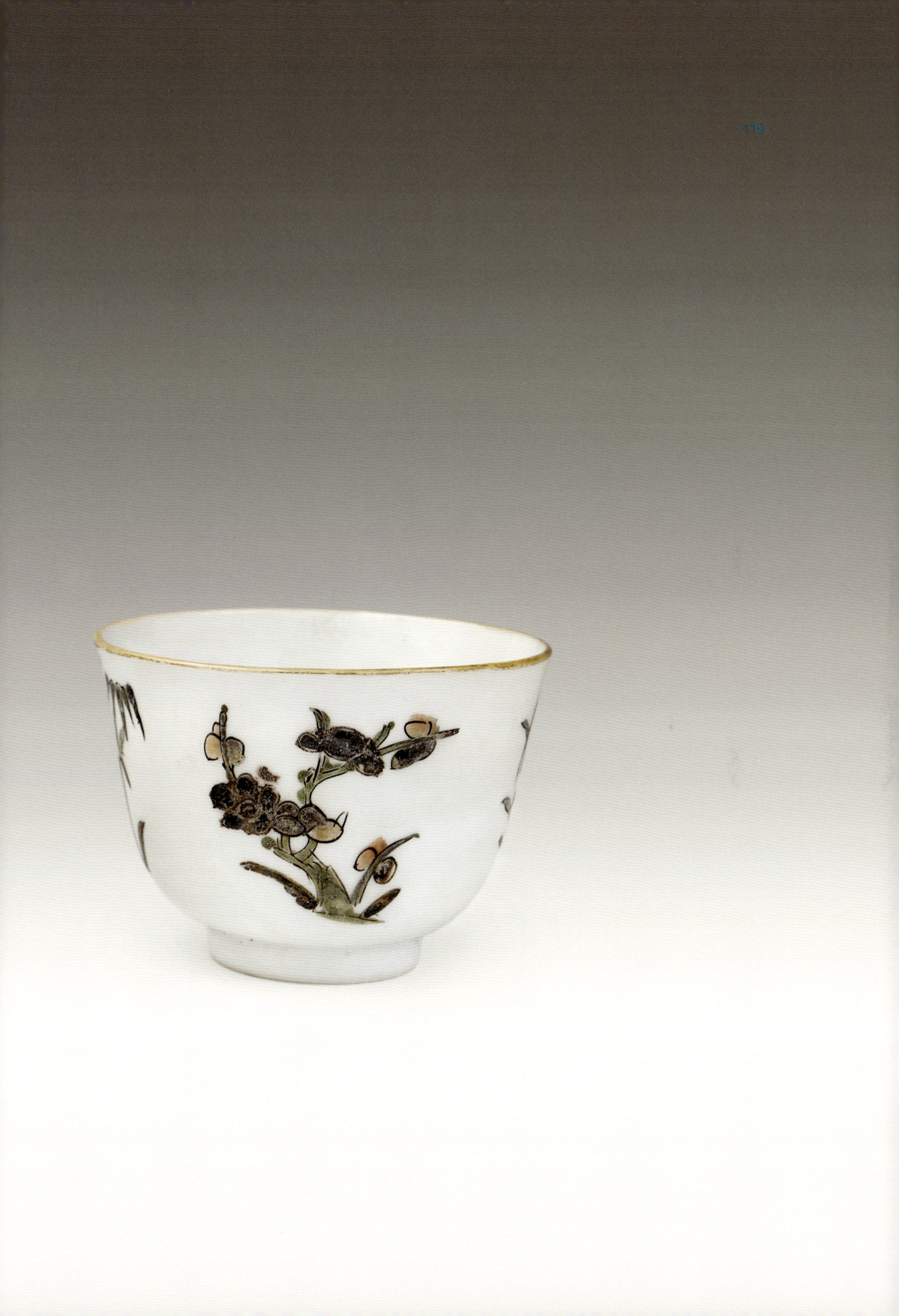

粉彩四君子图碗

口径 10.1 厘米,底径 4.1 厘米,高 6.1 厘米

· 121 ·

粉彩四君子图杯

口径 8.1 厘米，底径 3.8 厘米，高 5.8 厘米

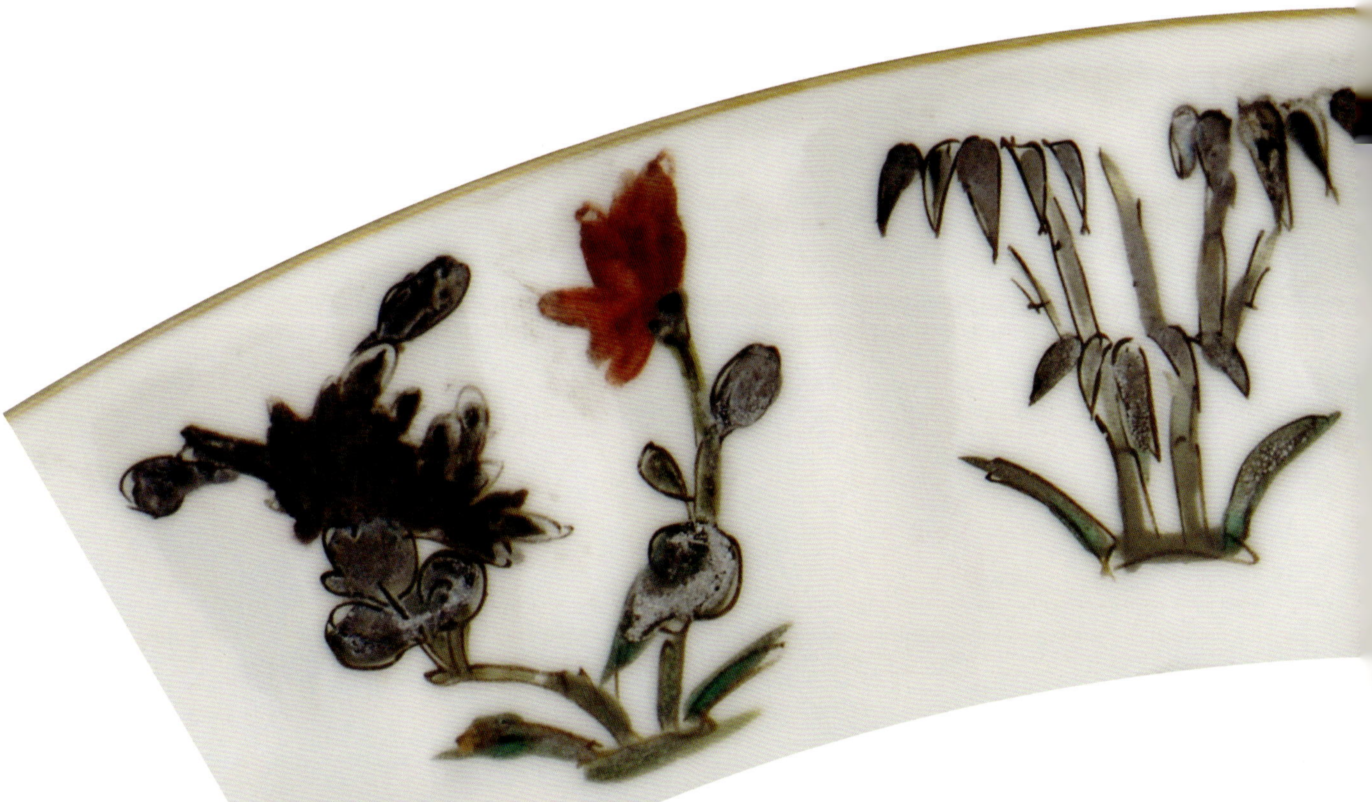

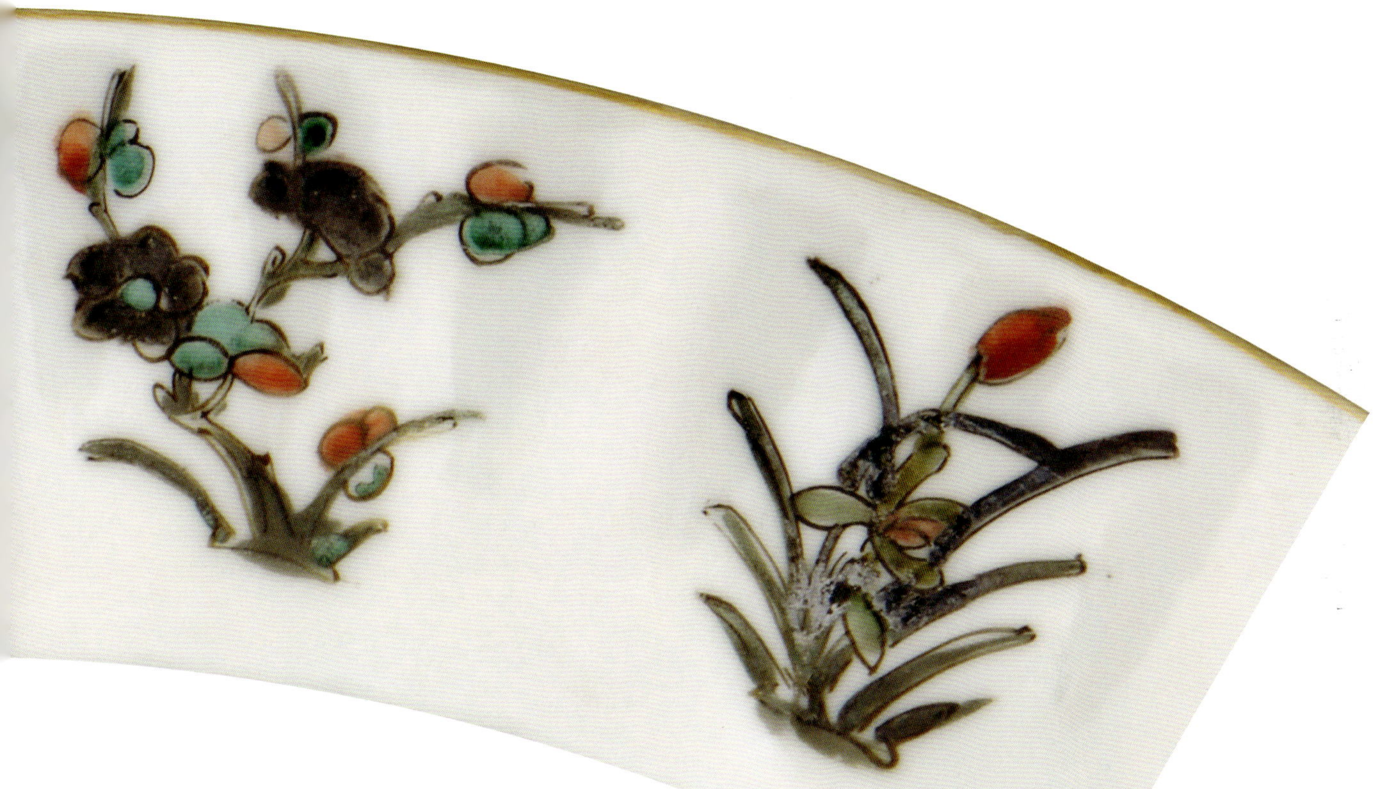

景德镇窑粉彩折枝牡丹纹桌器（一组三件）

碗与杯，均圆唇，敞口，深曲腹，圈足。粉彩装饰，口沿处涂一圈金彩，外壁以粉彩绘蓝色折枝牡丹纹，外底以矾红彩绘一花押款。

盖，圈足式钮，弧壁，圆唇。粉彩装饰，圈足式钮内以矾红彩绘一花押款，外壁以粉彩绘蓝色折枝牡丹纹。

李时珍《本草纲目》云："牡丹以色丹者为上，虽结子而根上生苗，故谓之牡丹。唐人谓之木芍药，以其花似芍药，而宿干似木也。群花品中以牡丹第一，芍药第二，故世谓牡丹为花王，芍药为花相。"此组瓷器之牡丹纹刻意以广翠绘制，这于各式粉彩牡丹纹瓷器中较为罕见。

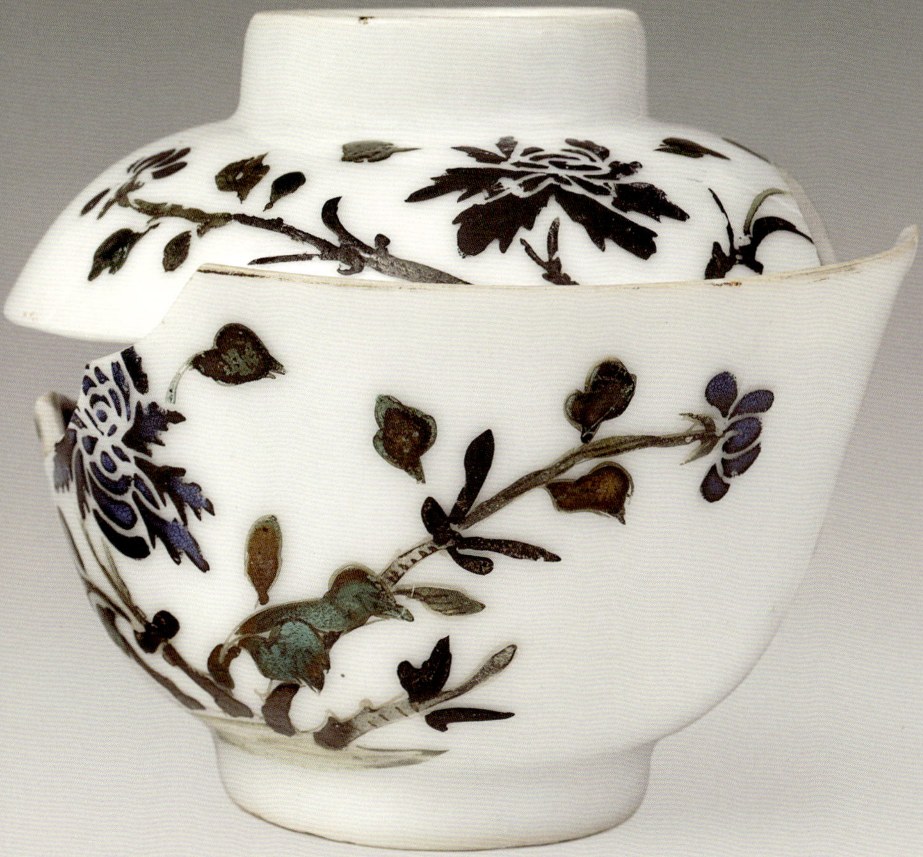

粉彩折枝牡丹纹碗

口径 9.8 厘米，底径 4.3 厘米，高 6.1 厘米

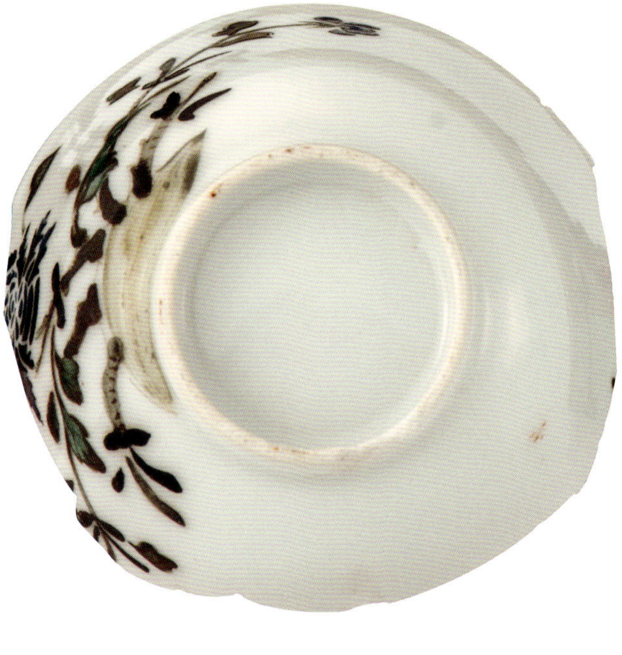

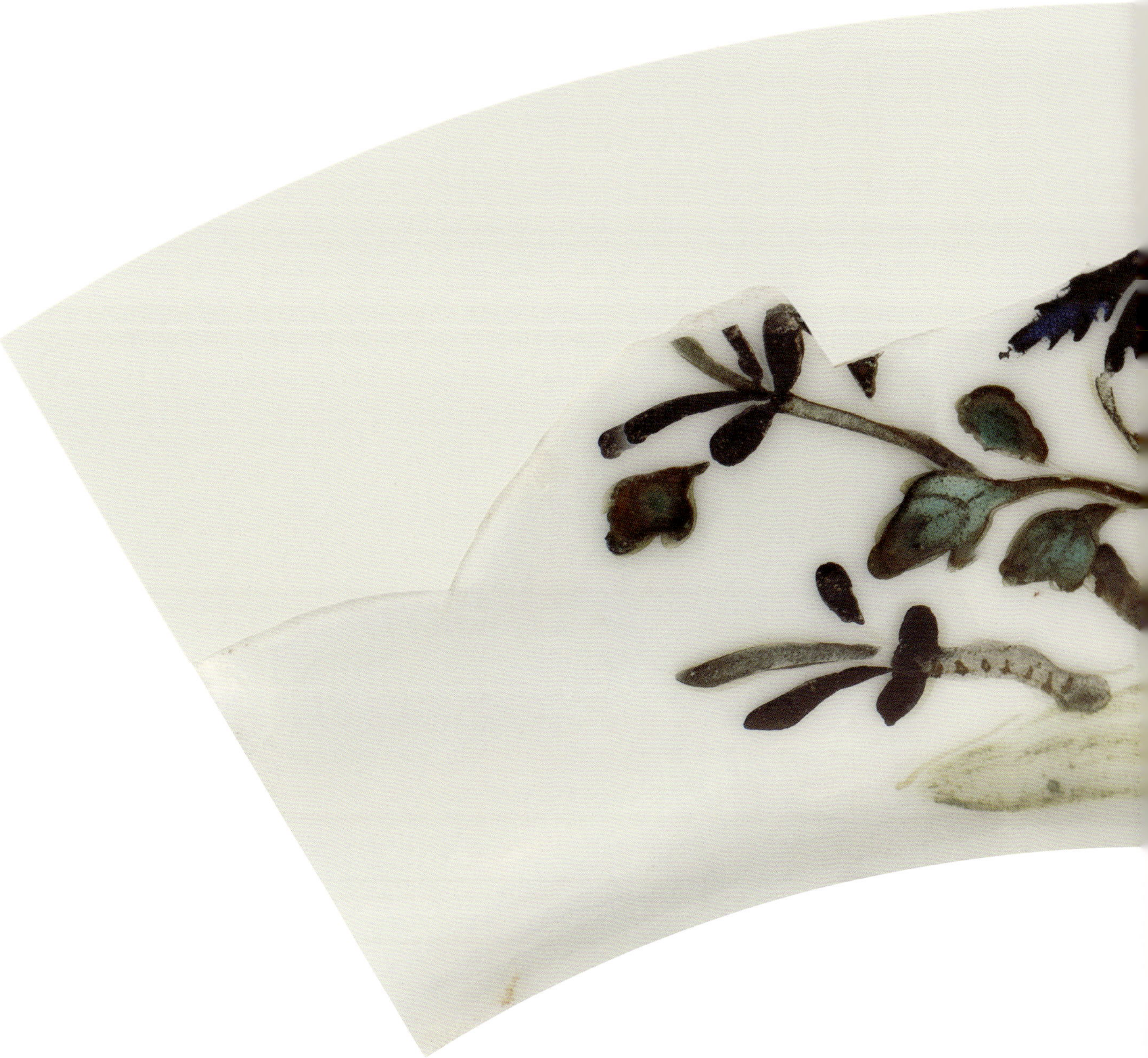

· 131 ·

粉彩折枝牡丹纹盖

口径 9.2 厘米，底径 4 厘米，高 3.1 厘米

· 133 ·

粉彩折枝牡丹纹杯

口径 7.8 厘米，底径 3.6 厘米，高 5.7 厘米

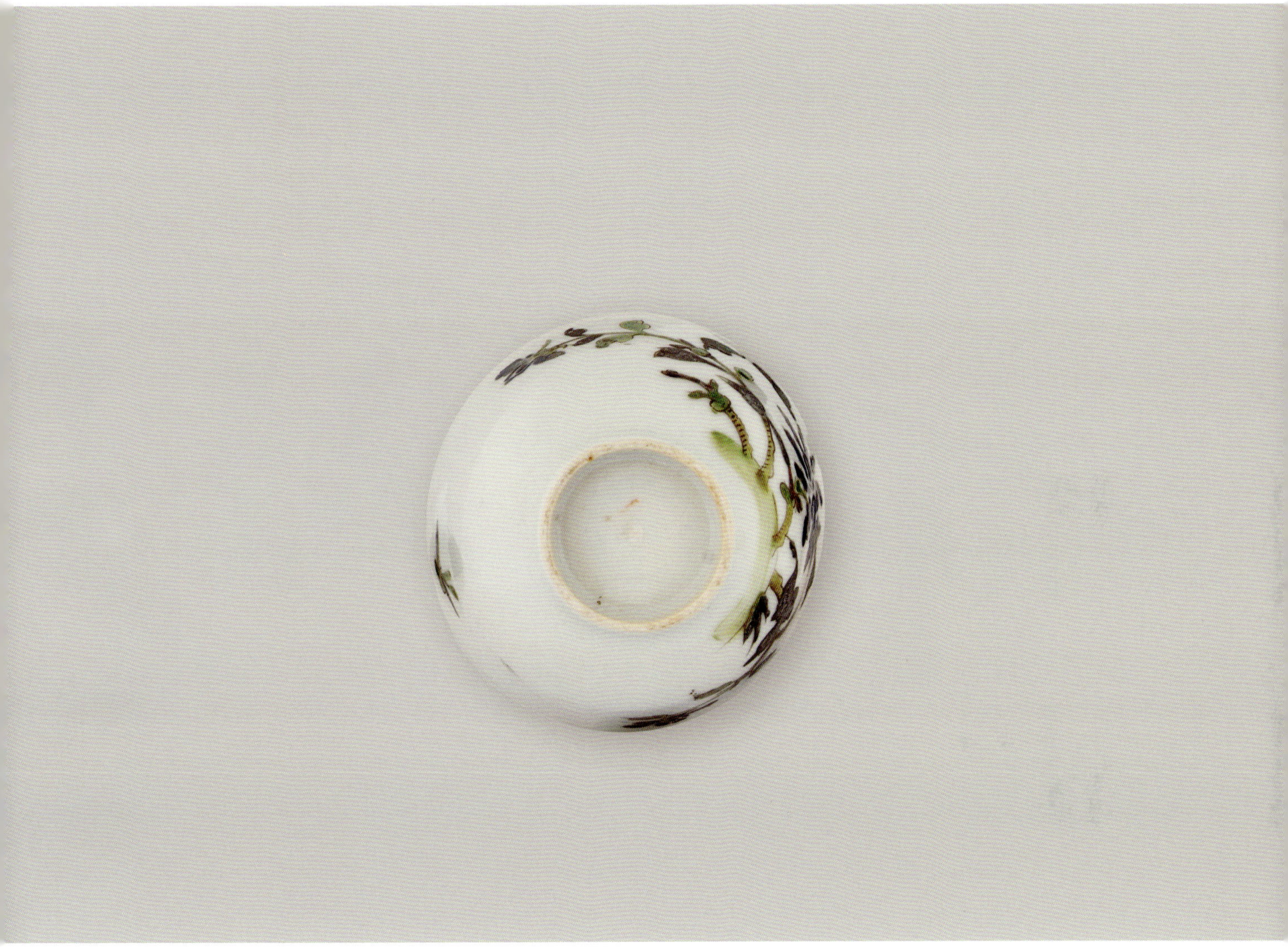

· 136 ·

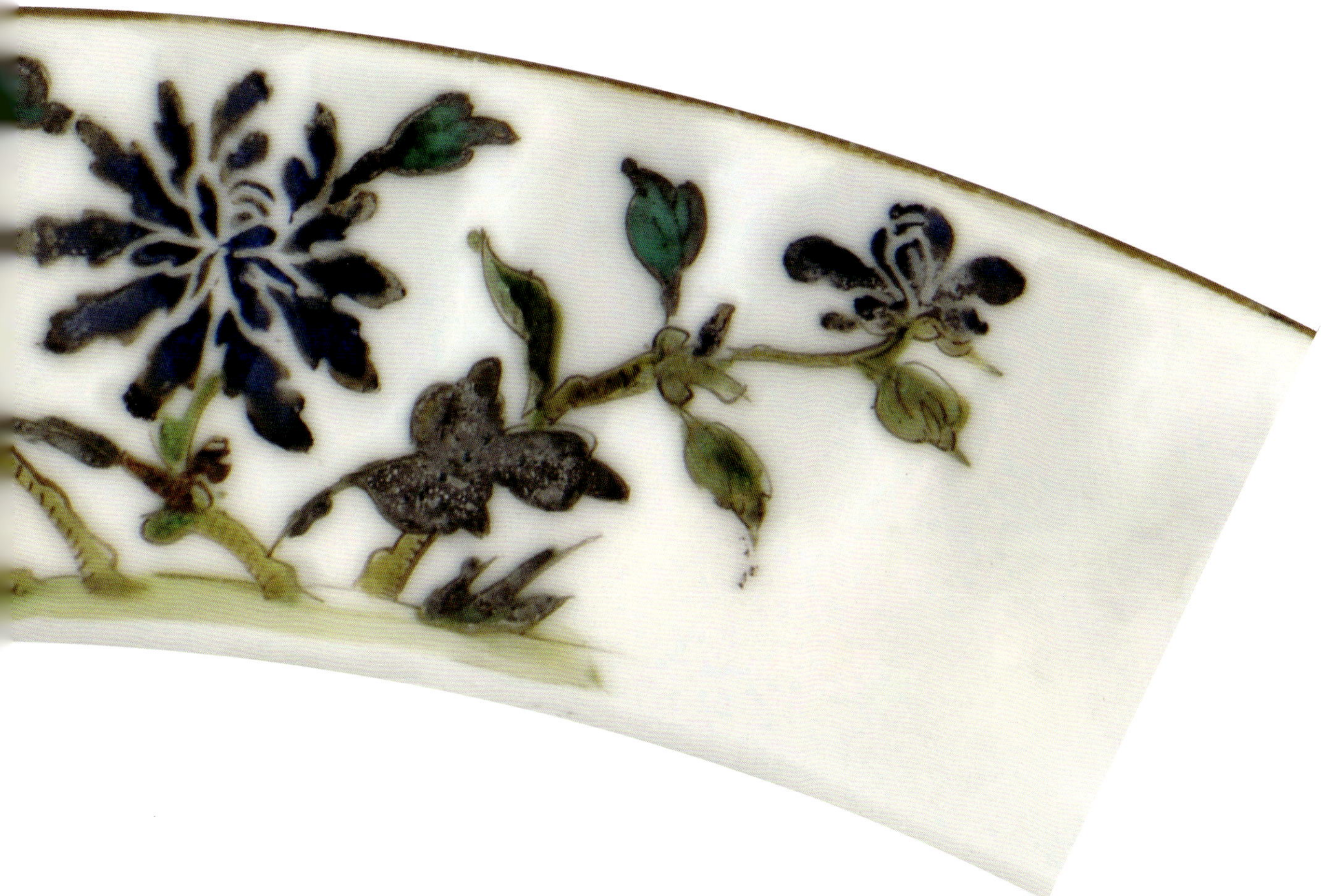

景德镇窑粉彩二甲传胪图杯

口径 8.1 厘米，底径 3.8 厘米，高 6 厘米

圆唇，敞口，深曲腹，圈足。粉彩装饰，口沿处涂一圈金彩，外壁以粉彩绘大小两只螃蟹，蟹钳中夹着芦苇，外底以矾红彩绘一花押款。

二甲传胪图系一种中国传统吉祥纹饰，通常绘两只螃蟹张开蟹钳夹着芦苇。其中两只螃蟹寓意"二甲"，芦苇之"芦"则与"胪"谐音。清代科举称二甲第一名，即殿试第四名为传胪。故而二甲传胪于清代便是殿试第四名的代称，寄托着金榜题名的美好祝愿。

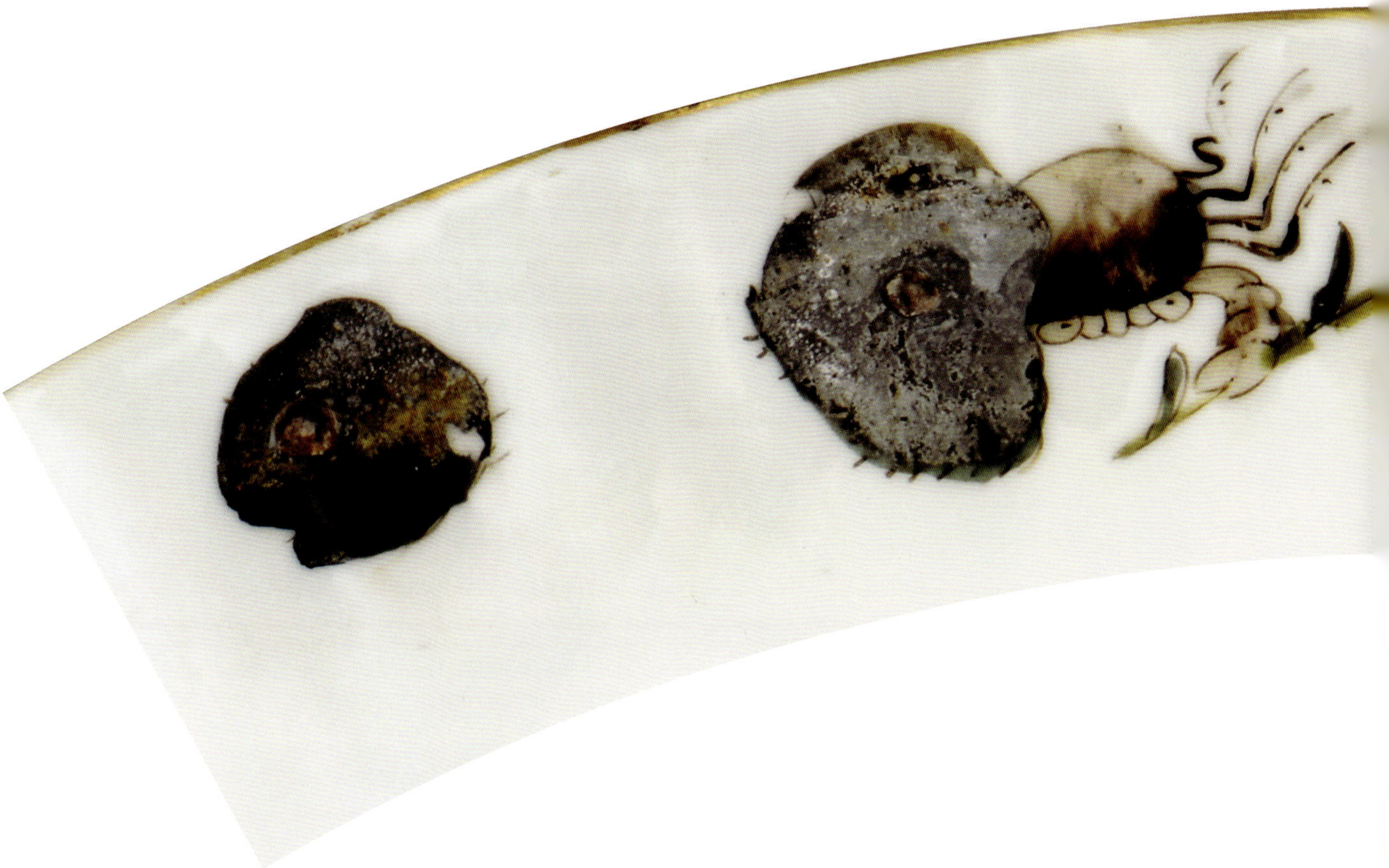

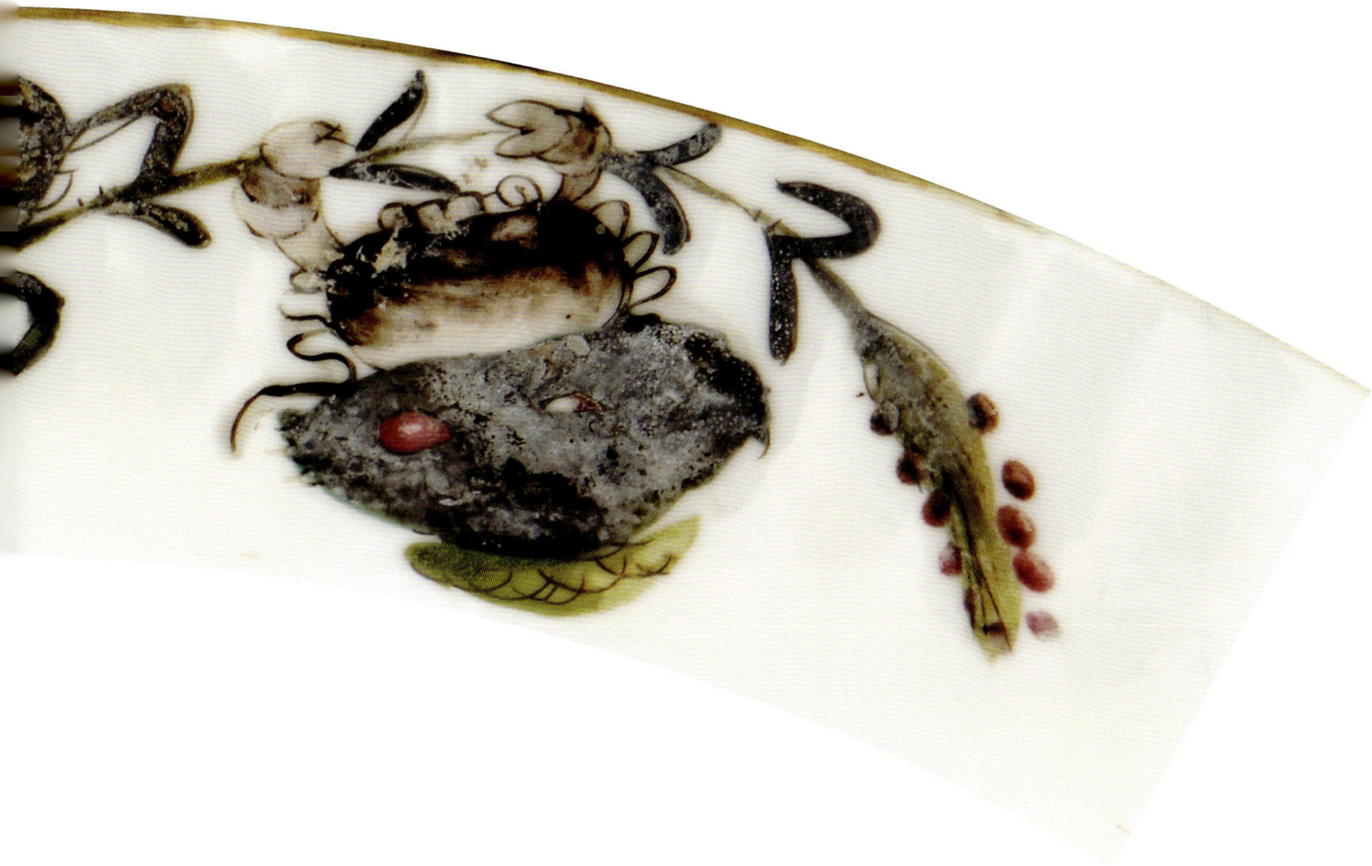

景德镇窑粉彩竹石图诗文杯

口径 8.2 厘米,底径 4 厘米,高 6.2 厘米

圆唇,敞口,深曲腹,圈足。粉彩装饰,口沿处涂一圈金彩,外壁以粉彩绘两组翠竹生于洞石之间,其间以墨彩书写诗文两联,其一作"明月微风响,青声枕上闻",其二作"林中生玉竹,月下美人来",外底以矾红彩绘一花押款。

此器外壁所书墨彩诗文不见于历代诗集,却频见于晚清民国时期的瓷器之上,故推测其或属流行于当时民间的诗词。此器装饰集"诗、书、画、印"于一身,表明这一富有文人趣味的装饰风格深受当时百姓喜爱。

· 143 ·

明月清风
响声摇上间

胸中生
玉竹
月下美

景德镇窑粉彩四季花卉纹碟

口径 13.6 厘米，底径 8.1 厘米，高 2.4 厘米

圆唇，敞口，曲腹，圈足。粉彩装饰，内壁中心绘一折枝寿桃，四周围以绿叶，其外绘折枝月季、荷花、菊花、梅花，外底以矾红彩绘一彩结。

四季花卉纹系一种传统纹饰，于宋代已颇为兴盛，南宋陆游《老学庵笔记》载："靖康初，京师织帛及妇人首饰衣服，皆备四时，如节物则春幡、灯球、竞渡、艾虎、云月之类，花则桃、杏、荷花、菊花、梅花，皆并为一景，谓之'一年景'。"至清代，随着粉彩技术于景德镇民窑逐步普及，颜色艳丽、绘画精致的四季花卉纹成为一种民窑瓷器上的常见纹饰。而此器之纹饰因长期受海水腐蚀，故而局部呈黑褐色。

· 147 ·

景德镇窑吹绿釉杯

口径 8.2 厘米，底径 3.9 厘米，高 6 厘米

圆唇，敞口，深曲腹，圈足。通体施白釉，外壁于白釉上复施一层吹绿釉，口沿处涂一圈金彩。外底以矾红彩书写"同治年制"四字双方框篆书款。

景德镇窑于明代宣德年间始烧绿釉瓷器，至清代早期又引入欧洲技术，创烧出一种"西洋绿色器皿"，釉质上与传统绿釉有所不同。此器之吹绿釉因长期受海水腐蚀，故而呈褐色。其尤为难得之处还在于底款作同治纪年款，这对于我们了解长江口二号古船的时代颇有助益。

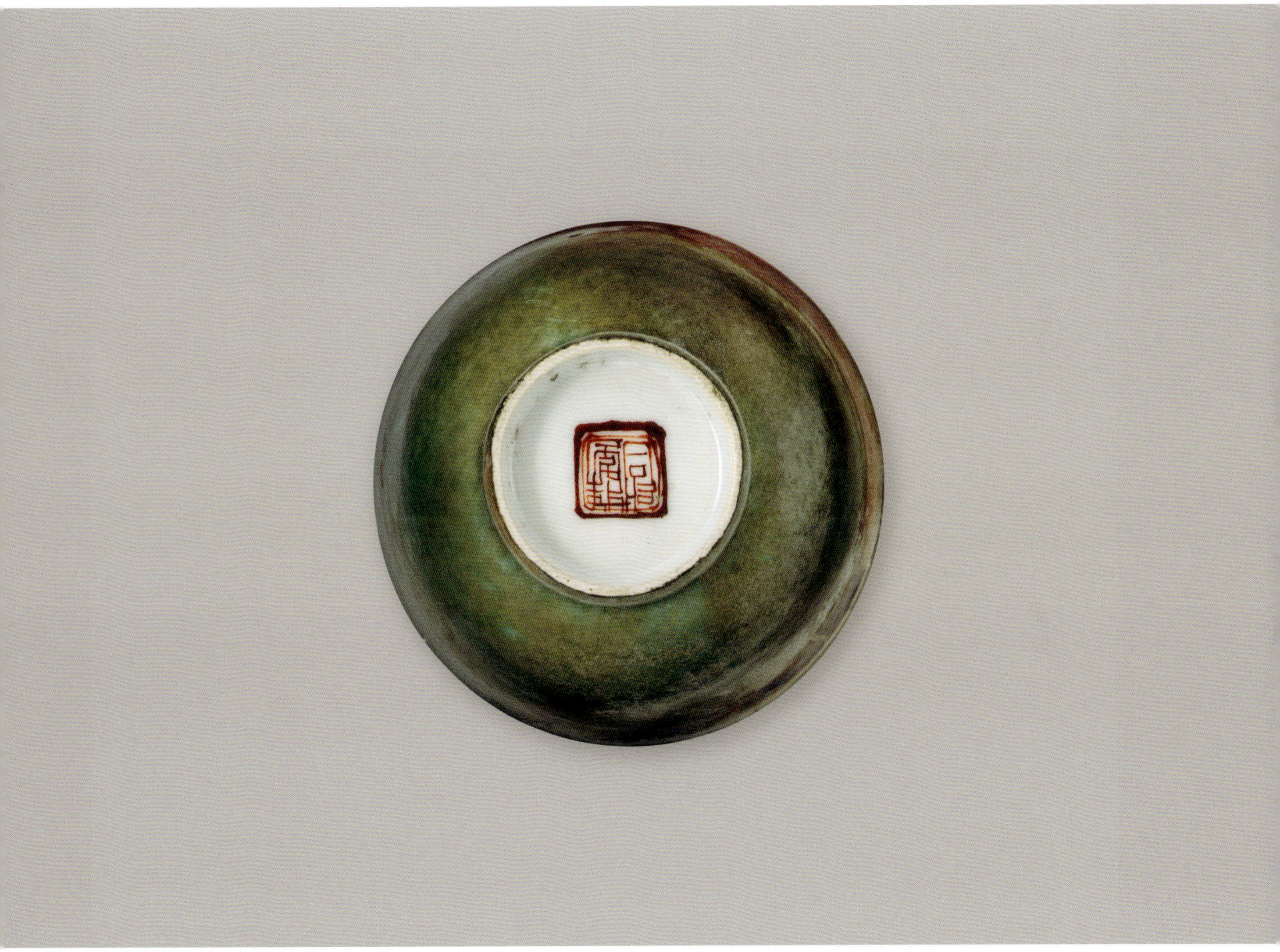

景德镇窑冬青釉桌器（一组六件）

　　大碗、中碗与小碗，均圆唇，口微侈，胎体口沿一圈微凸，深曲腹，圈足。通体施冬青釉，口沿与足端刮釉，口沿再涂一层酱釉。外底以青花绘一花押款。

　　大碟、中碟与小碟，均圆唇，敞口，曲腹，圈足。通体施冬青釉，口沿与足端刮釉，口沿再涂一层酱釉。外底以青花绘一花押款。

　　景德镇窑早在晚唐五代时期便烧造过青瓷，但直至明代早期才开始大量生产高质量青瓷，产品与龙泉青瓷相近，显示出模仿后者的倾向。清代督陶官唐英在《陶成纪事碑记》中提到景德镇御窑厂曾烧造"仿龙泉釉，有浅、深二种"。关于此类器物釉色的定名，学界一般称作"豆青釉"，但据晚清民国时期之文献看来，当时社会通常谓其作"冬青"。

· 151 ·

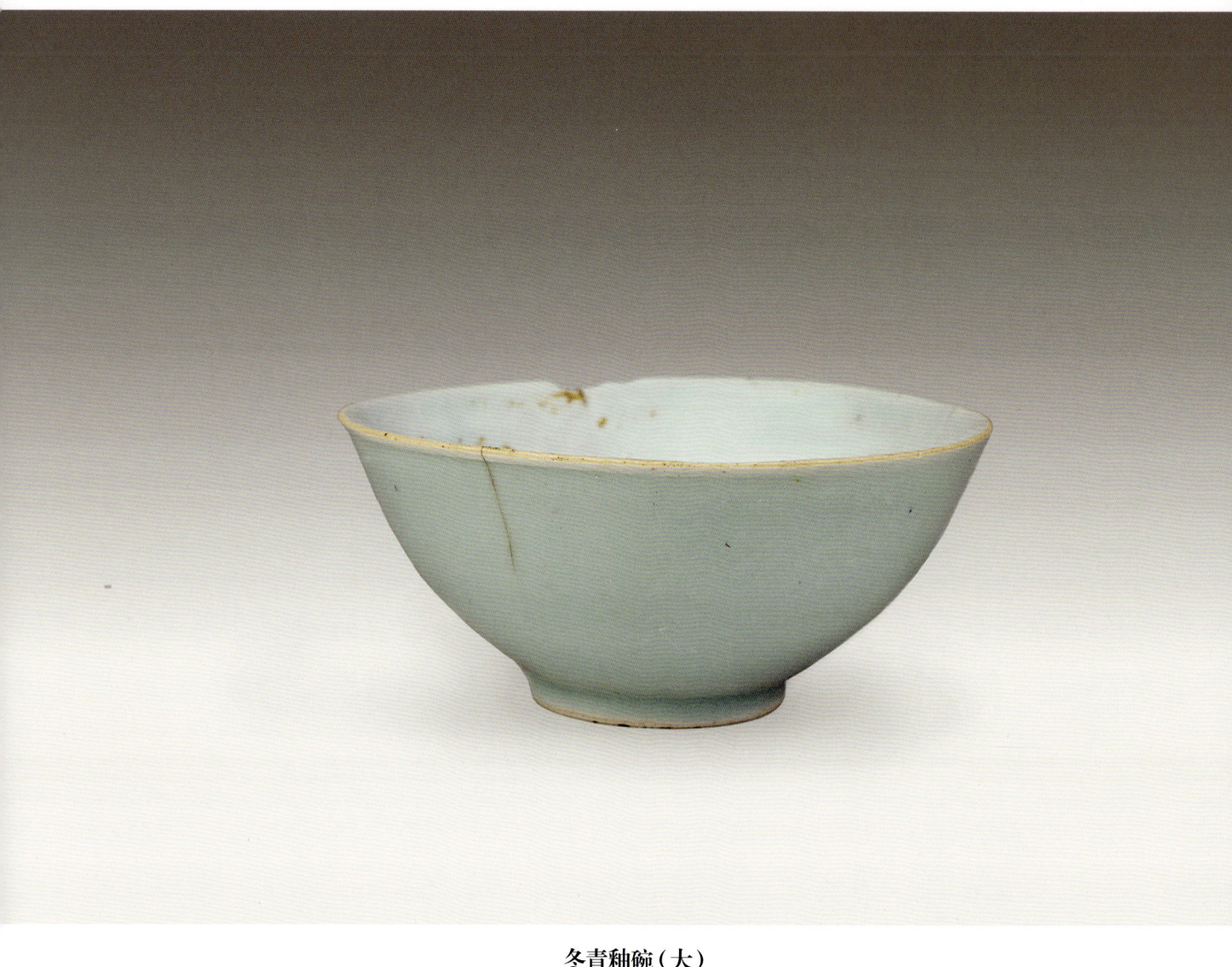

冬青釉碗（大）

口径 17 厘米，底径 6.7 厘米，高 7.5 厘米

· 153 ·

冬青釉碗(中)

口径 11.4 厘米，底径 4.2 厘米，高 6 厘米

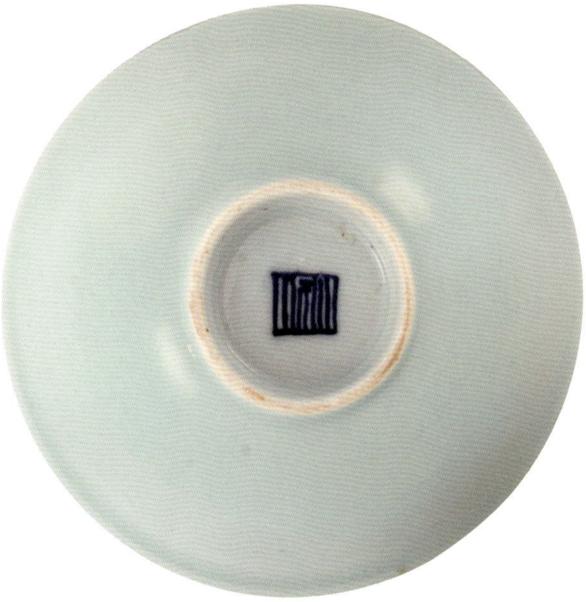

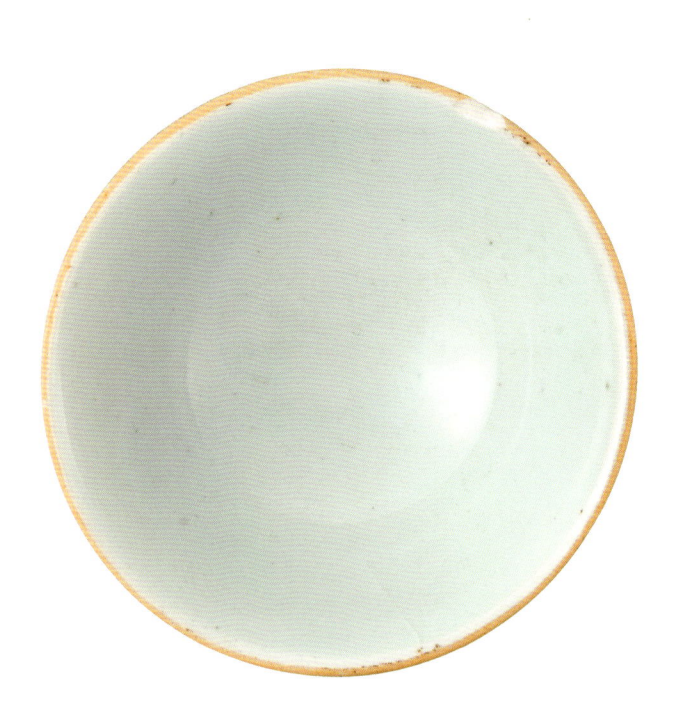

冬青釉碗(小)

口径 9.6 厘米,底径 4.5 厘米,高 5.9 厘米

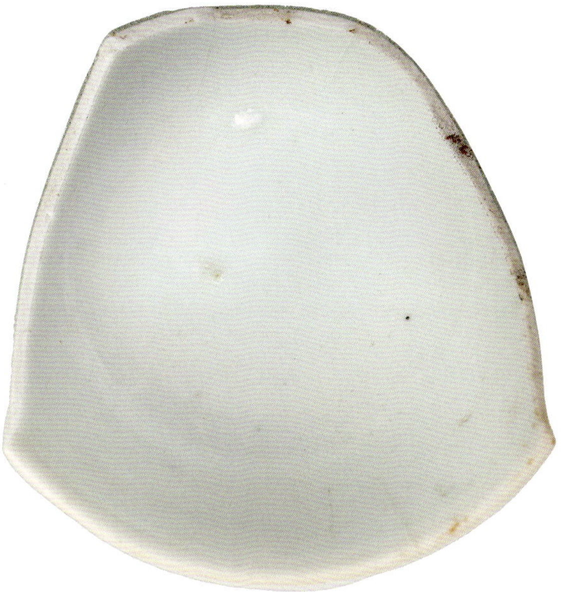

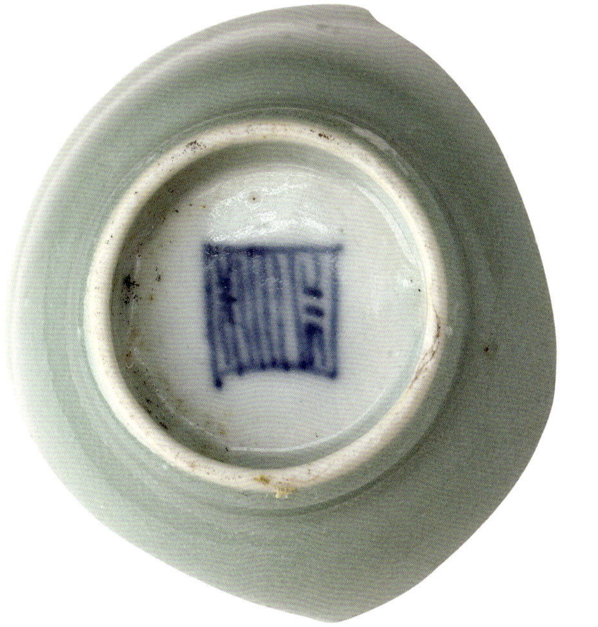

冬青釉碟（大）

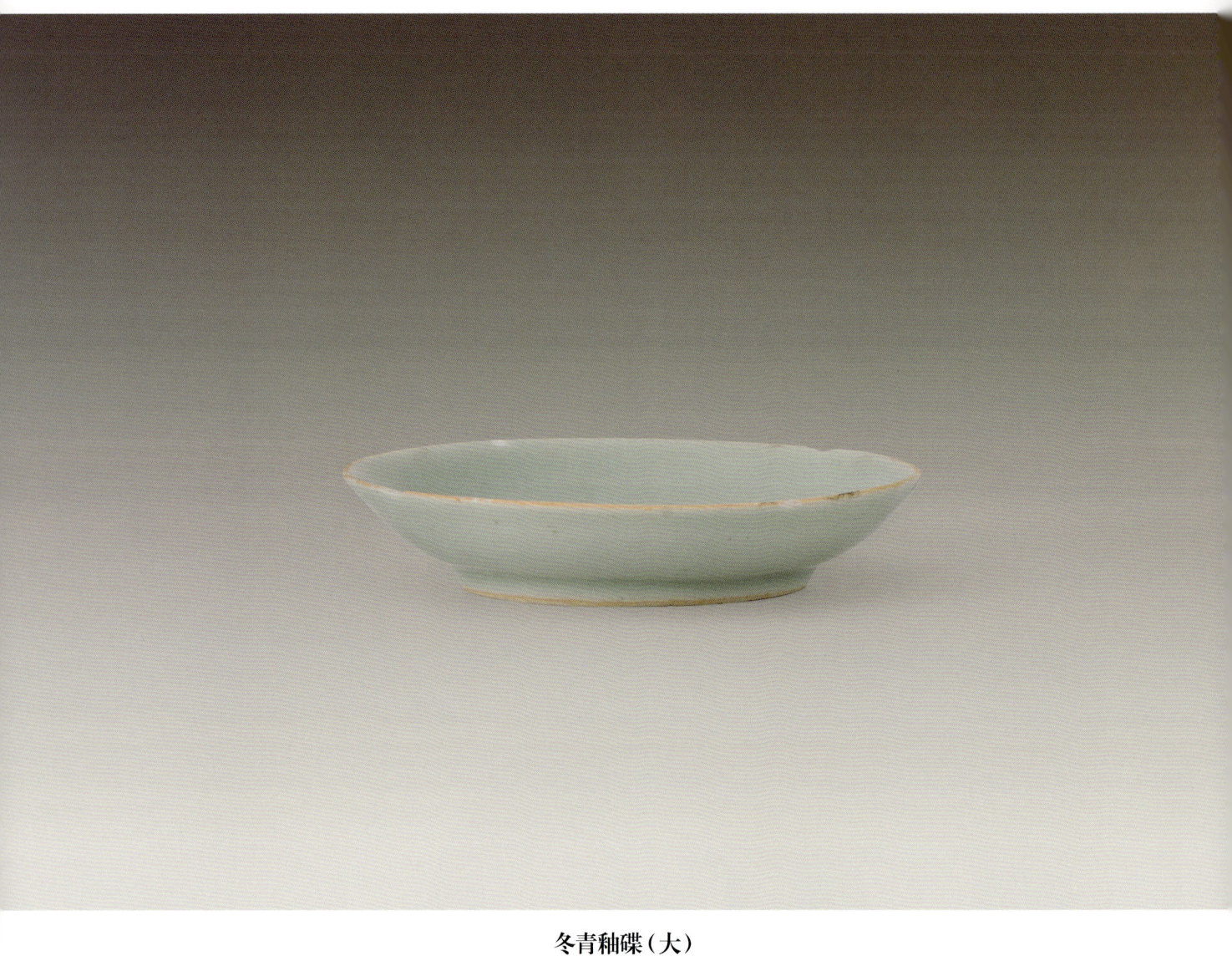

口径 15 厘米，底径 8.9 厘米，高 2.9 厘米

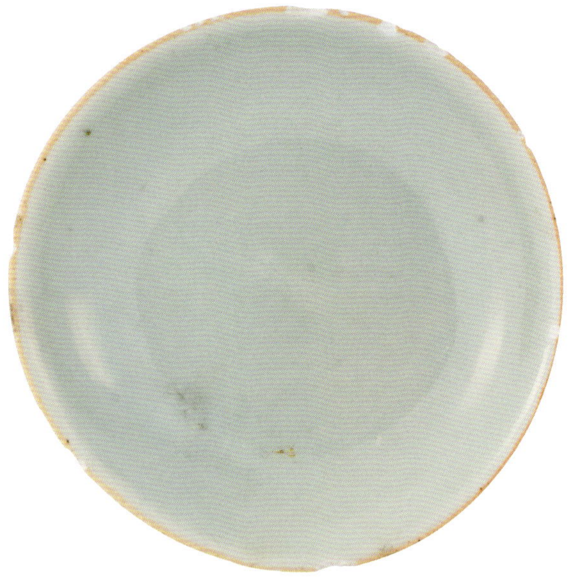

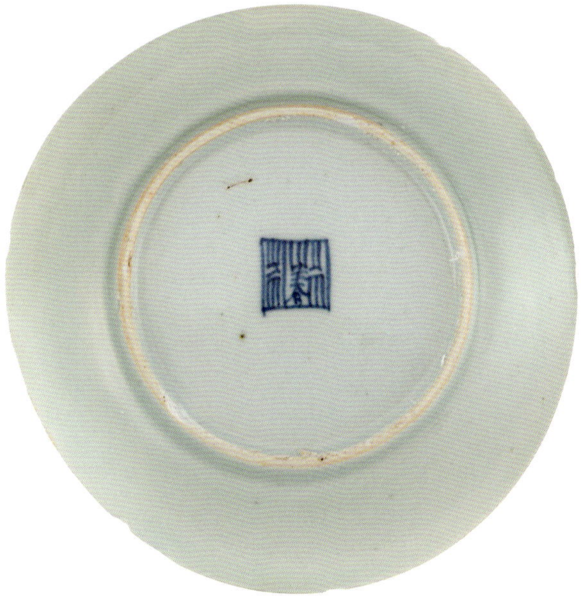

冬青釉碟（中）

口径 10.5 厘米，底径 5.9 厘米，高 2.7 厘米

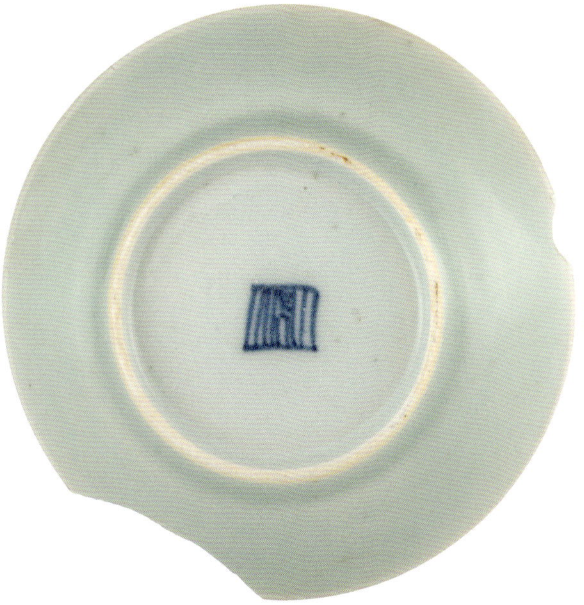

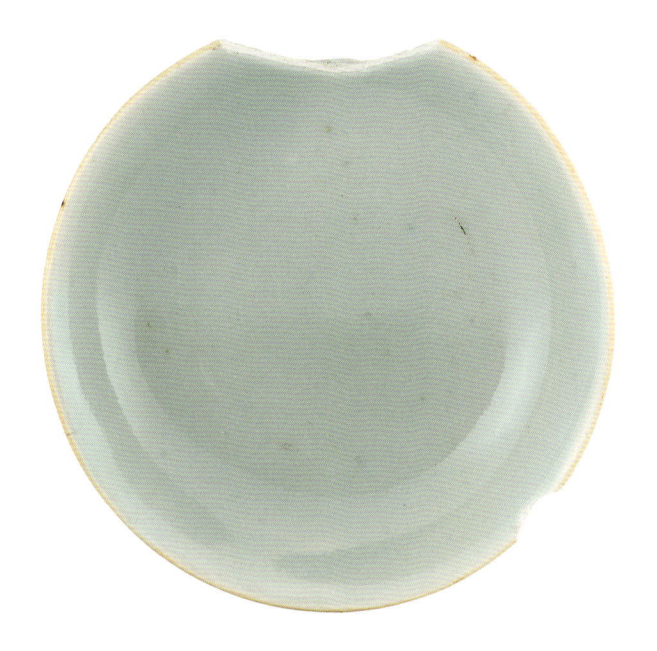

冬青釉碟（小）

口径 8.4 厘米，底径 4.4 厘米，高 3.3 厘米

· 163 ·

宜兴窑酱釉罐

外口径 11.8 厘米，内口径 9.1 厘米，底径 19.8 厘米，高 20.3 厘米

唇口，折肩，直壁，下部收束，平底内凹。酱釉。肩部上层模印一圈纵向弦纹，下层模印五条横向弦纹。

此式酱釉罐应属江苏宜兴窑的产品，2016 年至 2022 年间共出水 5 件，大小不一，泰兴号、小白礁 I 号与迪沙如号等沉船亦见出水此类器物。一般认为这是一类船员生活用品，用于盛装食品或淡水。但根据考古与文献记载来看，其作为盛装腌菜等食品的容器，曾于晚清民国时期被大量销往东南亚、北美洲与大洋洲等地的华人社区，而国内墓葬亦见出土，如江苏无锡长乔海洋王国主题公园一期 M15 出土的一例。

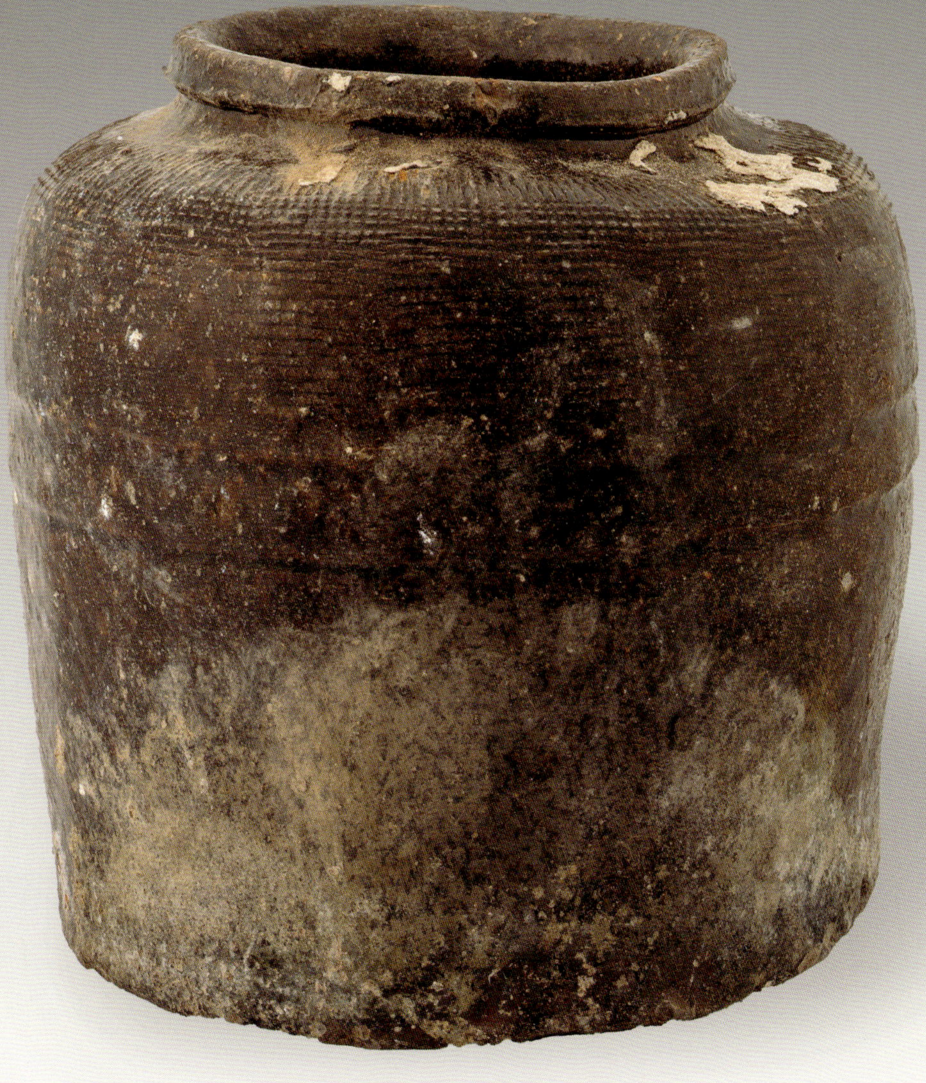

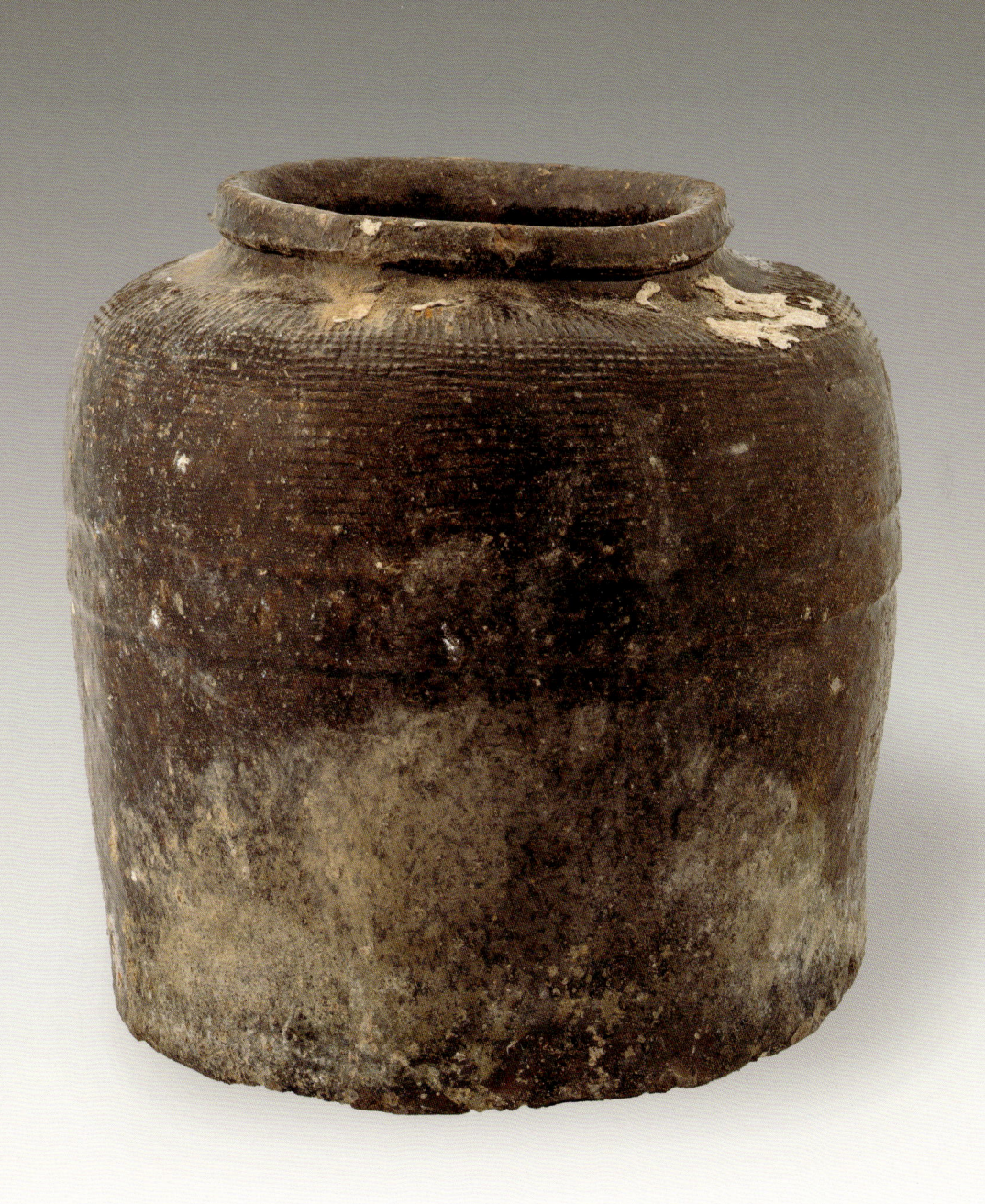

宜兴窑刻诗文紫砂壶（缺柄）

外口径 10.8 厘米，内口径 7.7 厘米，底径 10.5 厘米，高 13.2 厘米

母口，折肩，直壁，圈足，肩下一侧出直流。外壁刻"山水之中，少山"草书字样，外底模印"友兰秘制"四字篆书阳文款。

邵友兰系清中晚期紫砂名家，他制作的紫砂壶一般钤有篆书圆章"阳羡邵友兰制"或篆书方章"友兰秘制"等款识。而少山系明末清初紫砂名家时大彬之号。清中晚期的沉船出水有大量带名家款识的紫砂壶，质量多粗率，应属仿名家之作，表明当时社会追逐名家作品之风气颇盛。此器胎质粗松，多处器坯处理不甚细致，加之同时落有时大彬与邵友兰两位不同时期紫砂名家的款识，推测亦属仿名家之作。

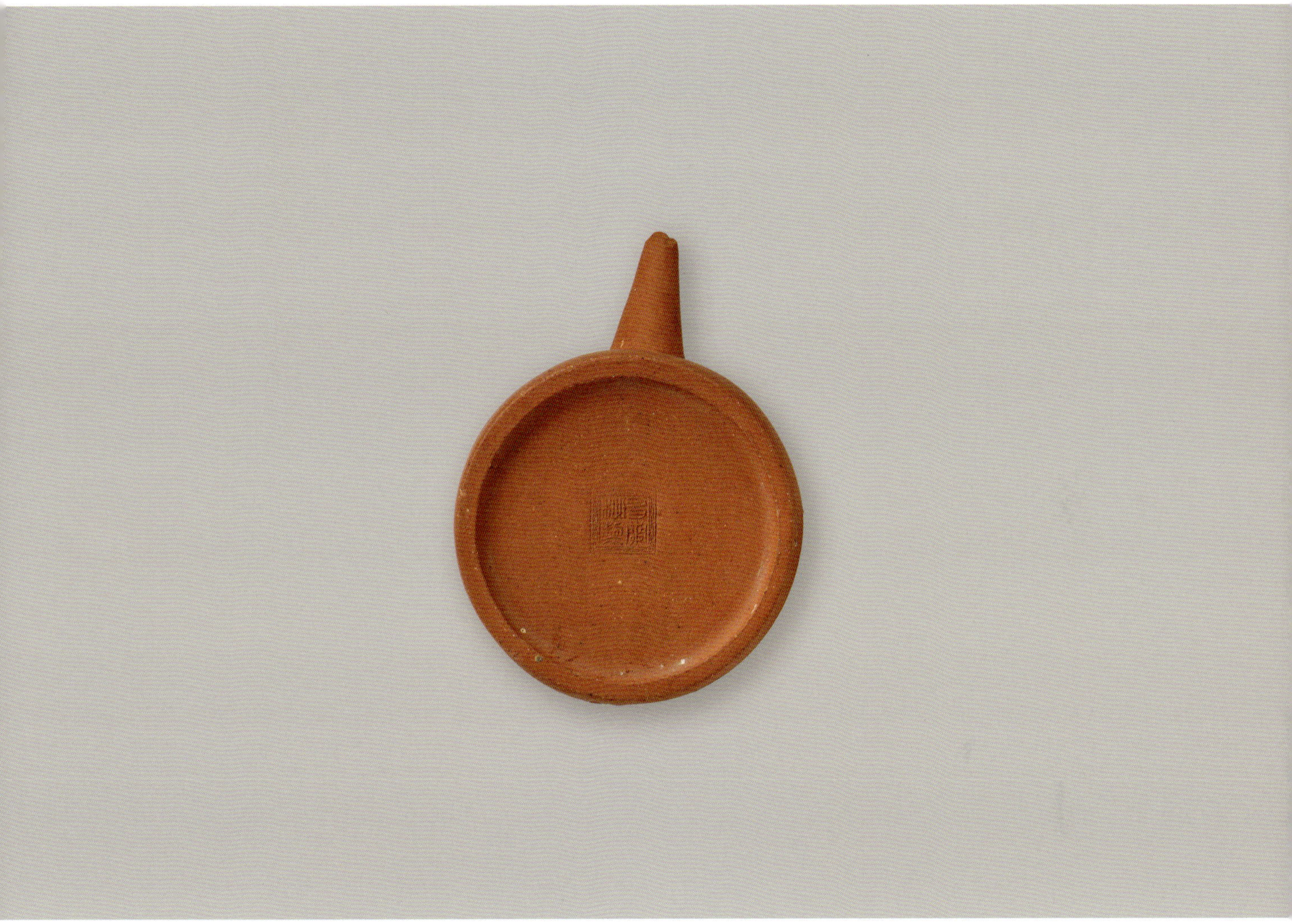

18—19世纪越南合礼窑淡青釉水烟罐

大孔直径2.4厘米，小孔直径0.8厘米，颈部最宽处直径8厘米，底径7.8厘米，高14.4厘米

顶盖作半球形，盖面有大、小孔洞各一，盖与器身相连，束颈，溜肩，鼓腹，下部收束，圈足。通体施淡青釉，外底无釉。

此式水烟罐系一类流行于中越边境及越南境内的器物，其于广西地区通常被称作"烟煲"。直至20世纪80—90年代，当地民间仍有使用。在使用方式上，通常会先于器内注水，盖上的两孔，一孔放烟丝，一孔插入吸管用于吸烟。由于目前长江口二号古船出水的此式水烟罐仅此一件，结合晚清国内瓷器消费情况，推测古船上或有越南籍船员。

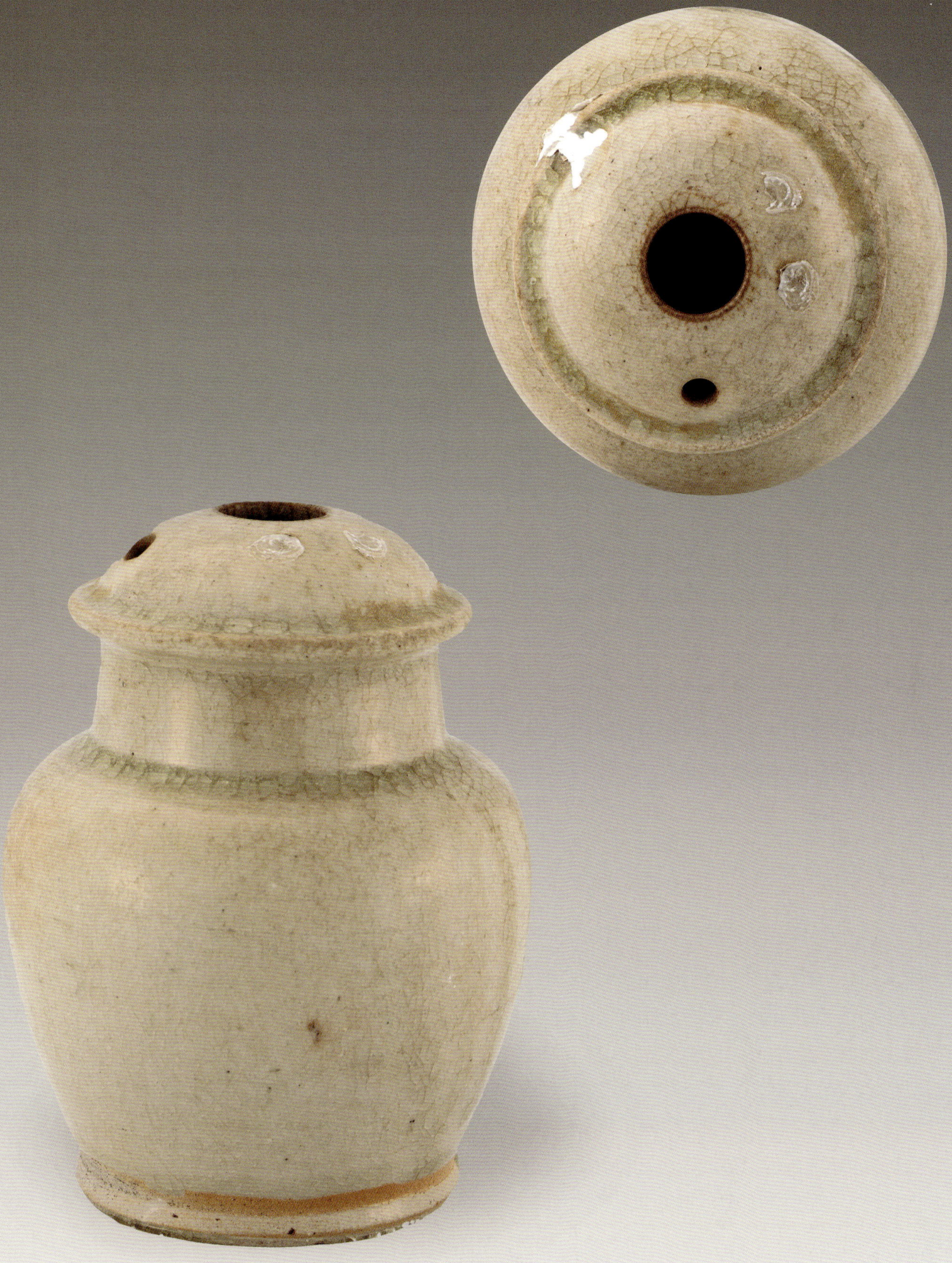

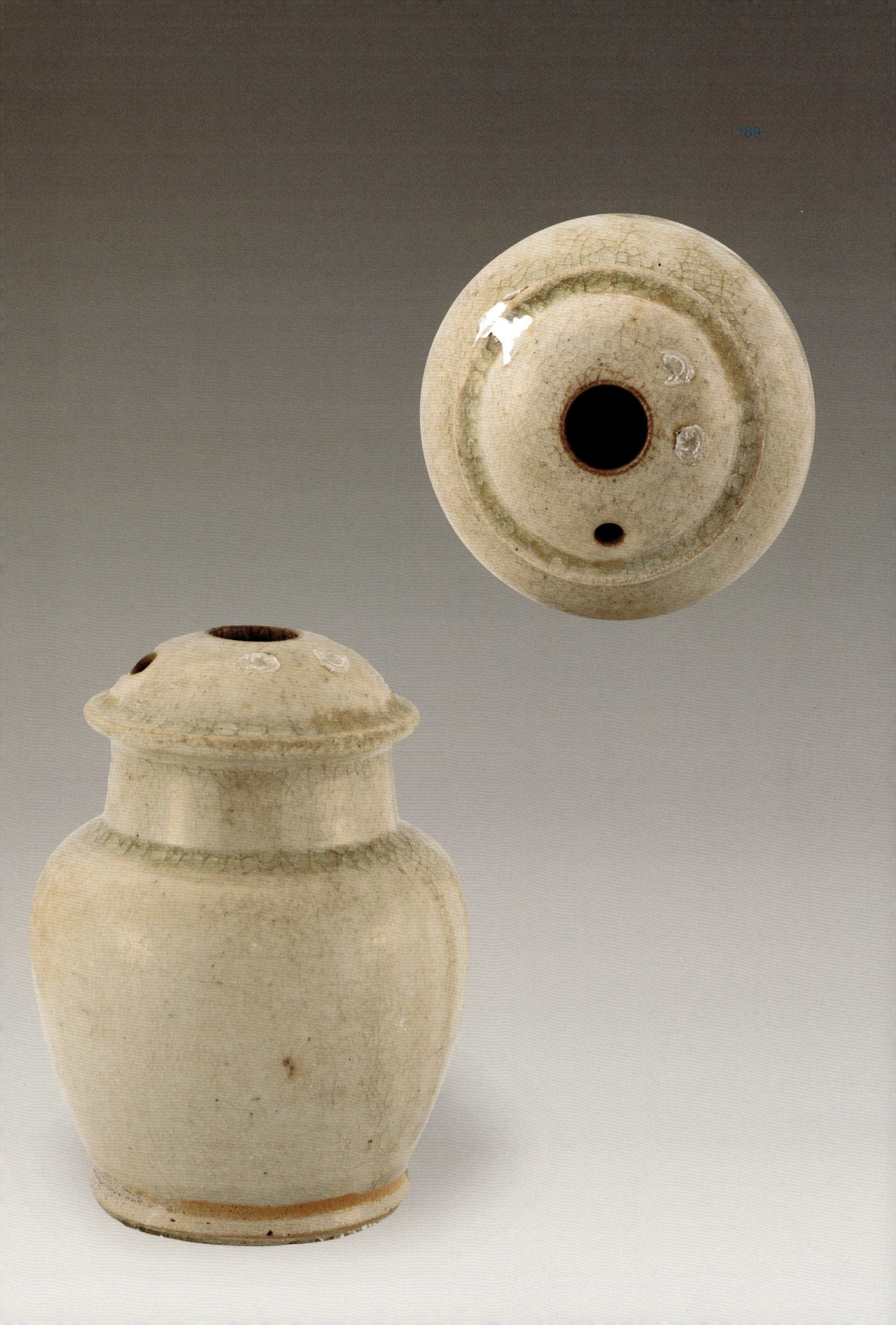

大事记

2015 年

在长江口崇明横沙水域开展重点水下考古调查时发现一艘古代木质古沉船,命名为"长江口二号"。

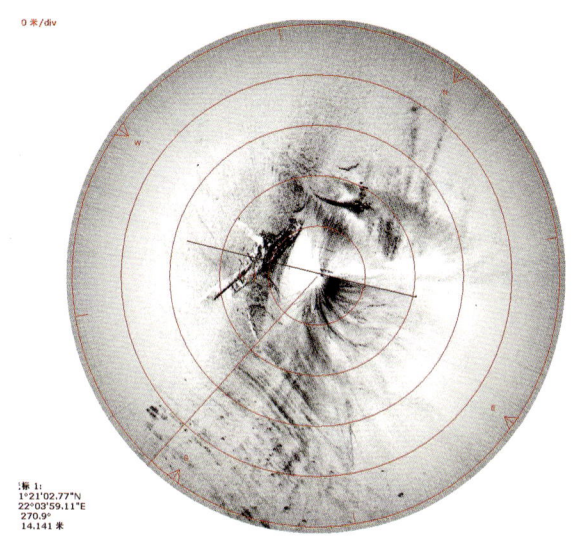

2016—2017 年

经调查,古船露出泥面部分总长 23.8 米、船宽 6 米,清理出水木质文物 3 件、疑似越南瓷器 1 件。

2018年

11月，采集出水了一批青花、绿釉等类别瓷器和"时泰"墨书题记的木桶板块等遗物。吹绿釉杯口沿施金彩，器底以矾红彩书写"同治年制"四字篆书款，为古船年代提供了重要依据。

2019年

3—4月，初步确认长江口二号古船为清代同治时期（1862—1874年）的木质帆船，采集出水遗物标本200余件。

2020 年

11 月，水下考古工作队在开展水下调查时，再次测量和确认了古船长 38.5 米、宽 7.6 米，隔舱板舱口宽 5.2 米左右。

11 月 16 日，相关领域国内权威专家在整体打捞技术方案论证会上一致通过采用弧形梁顶推技术方案实施整体打捞。

2021 年

1 月 20 日，开展弧形梁顶推技术模拟试验，完成单梁顶进、五根梁连续顶进的 1∶10 等比例试验。

1月30日，长江口二号古船博物馆被列入"十四五"上海市重大公共文化体育设施建设项目。

4月，确定长江口二号古船博物馆选址杨浦上海船厂旧址。

5月6日，国家文物局原则同意长江口二号古船实施整体打捞。

7—9月，清理出前几次调查未发现的高60厘米的完整冬青地堆白青花松下高士图双耳瓶等大型整器。

11月，长江口二号古船作为中国水下考古重大项目被列入国务院办公厅印发的《"十四五"文物保护和科技创新规划》。

12月23日，端板—顶梁组合框架运送至长江口二号古船遗址现场，古船整体迁移等比例现场试验正式启动。

2022年

1月26日，长江口二号古船整体迁移等比例现场试验顺利完成。

2月22日，市政府召开长江口二号古船工作专题会议，正式批准古船整体打捞方案。

3月2日，长江口二号古船考古与文物保护项目正式启动。

6月1日，承担实施长江口二号古船整体迁移的主作业船"大力号"离港开赴作业现场。

7月6日,"大力号"完成古船遗址现场预处理阶段工作返回港口。经复核,船体残长约38.1米、宽约9.9米。

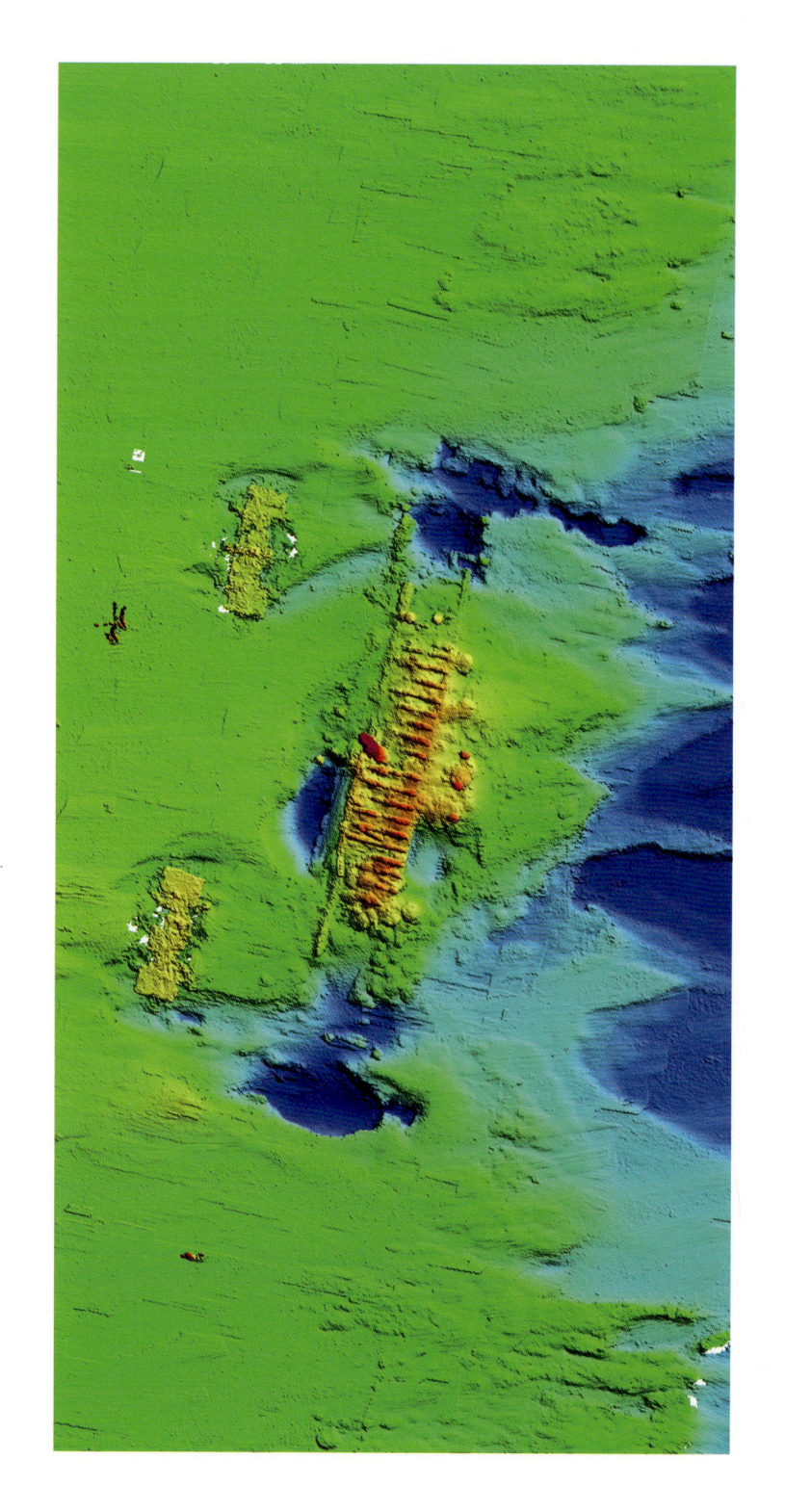

7月15日，全新的古船整体打捞专用工程船——"奋力轮"从南通驶达上海，完成交付。

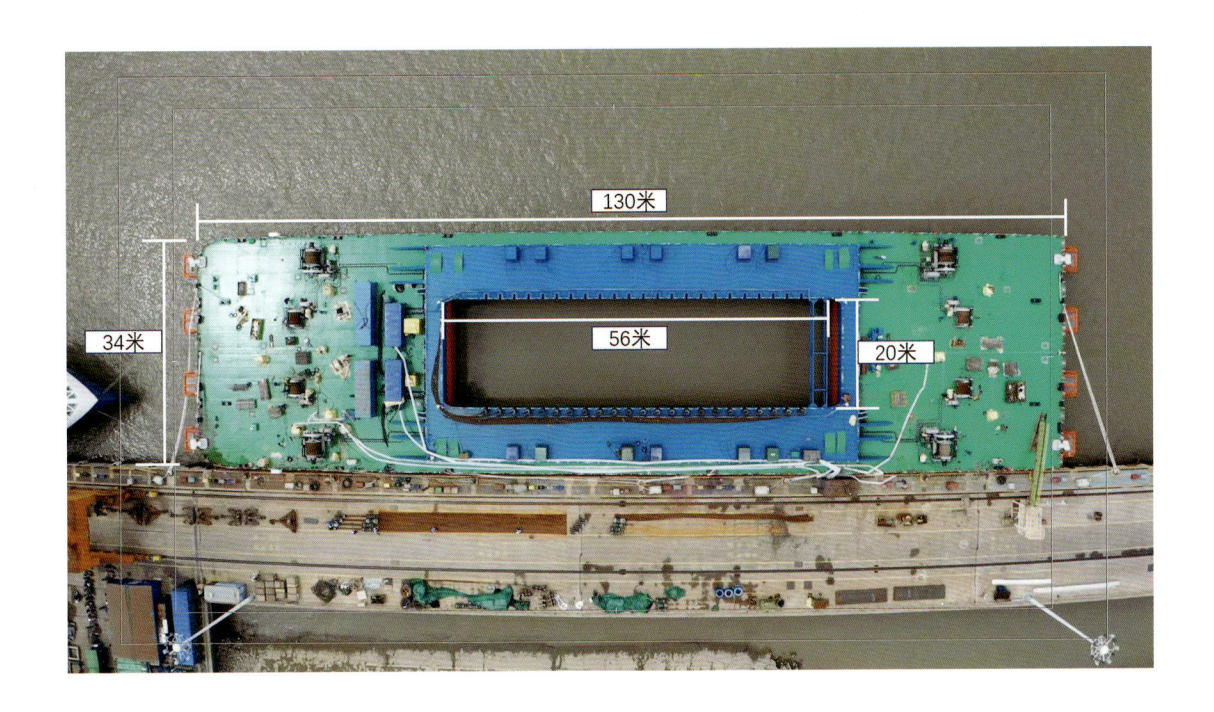

8月28日，完成端板—纵梁框架陆地整体组装和端板下沉辅助装置调试、发射架组装、管线连接调试、控制室传感器调控、桩筒焊接、吊梁安装等准备工作。

9月6日,"大力号"再次出海,标志着长江口二号古船考古与文物保护项目最核心的环节——古船整体打捞迁移工程海上施工正式启动。

(郭恩友供图)

9月12日,古船整体打捞专用端板—纵梁组合框架沉放至设计位置。

9月26日,完成上海船厂1号船坞内弧形梁系统马鞍底座制造工作,并开展坞口清淤作业。

9月28日,古船遗址现场进入弧形梁管节安装环节,完成第1根管节安装及穿梁工作。

10月21日，上海船厂旧址1号船坞首次试放、排水。

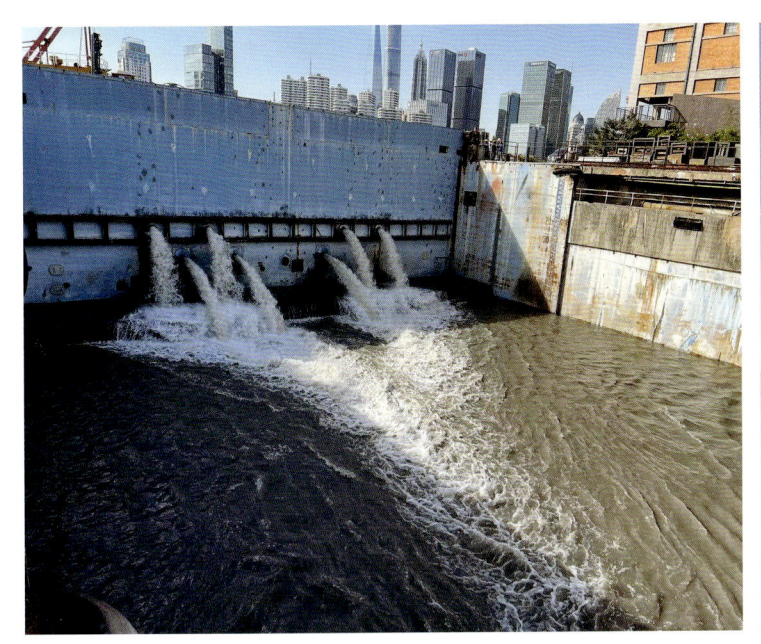

11月15日，完成最后一根弧形梁穿梁。

11月21日凌晨0时40分，经过近4个多小时水下持续提升，长江口二号古船由"奋力轮"成功整体打捞出水。

（孟雨涵供图）

11月25日，"奋力轮"怀抱着长江口二号古船进入1号船坞，古船沉箱完成落座。

致　谢

感谢下列单位对长江口二号古船整体打捞和迁移项目的大力支持：

国家文物局

上海市文化和旅游局
（上海市文物局）

国家文物局考古研究中心

上海博物馆

上海市文物保护研究中心
（上海市文物鉴定研究中心）

国家水下文化遗产保护宁波基地（宁波市文化遗产管理研究院）

上海市历史博物馆
（上海革命历史博物馆）

上海中国航海博物馆

交通运输部救助打捞局

中华人民共和国上海海事局

中国船级社上海分社

交通运输部东海航海保障中心

上海隧道工程有限公司

上海城建隧道装备有限公司

上海电气核电集团有限公司

中国海洋工程有限公司

上海交通大学船舶海洋与建筑工程学院

中国水运杂志社

中国航海学会救助打捞专业委员会

上海大学无人艇工程研究院

上海大学未来技术学院

人民日报社

新华通讯社

中央广播电视总台

上海广播电视台

上海报业集团

"长江口二号古船发现与研究丛书"
编委会

图书在版编目(CIP)数据

上海长江口二号古船：水下考古调查与整体打捞迁移 / 上海博物馆，上海市文物保护研究中心编著；翟杨等著. -- 上海：上海古籍出版社，2025.6. -- (长江口二号古船发现与研究丛书). -- ISBN 978-7-5732-1611-3

I. K875.34；U676.6

中国国家版本馆CIP数据核字第2025AT5648号

长江口二号古船发现与研究丛书

上海长江口二号古船——水下考古调查与整体打捞迁移

上海博物馆
上海市文物保护研究中心 编著

翟 杨 褚晓波 赵 荦
黄 翔 葛 彦 朱小东 著

上海古籍出版社出版发行

(上海市闵行区号景路159弄1-5号A座5F 邮政编码201101)
（1）网址：www.guji.com.cn
（2）E-mail：guji1@guji.com.cn
（3）易文网网址：www.ewen.co

上海雅昌艺术印刷有限公司印刷

开本 889×1194 1/16 印张 11.75 插页 6
2025年6月第1版 2025年6月第1次印刷
ISBN 978-7-5732-1611-3
K·3865 定价：188.00元
如有质量问题，请与承印公司联系